Inhalt

W0065731

Vorwort

Dieses Buch ist ein *praxisbezogenes Anwendungsbuch*. Es ist für *Unternehmer* und *Manager* geschrieben, die *mit Finanzanalysen nicht vertraut* sind. *Hauptzweck* ist, die *Grundbegriffe* in verständlicher Weise zu erklären und einfache Instrumente vorzuschlagen, die eine praktische Umsetzung sicherstellen.

Der *Inhalt* ist *knapp* gehalten. Trotzdem wird der Leser einige Zeit benötigen, um ihn zu beherrschen. Es scheint *zweckmäßig*, es *zunächst oberflächlich durchzulesen*, um einen Überblick zu bekommen, und *anschließend* von vorn *Schritt für Schritt* durchzuarbeiten.

Dieses *Buch eignet sich* aber nicht nur für das *Selbststudium*, sondern ist auch eine gute Ergänzung für einschlägige *Seminare* und *Workshops*.

Apropos Seminare: Bei Finanzmanagement-Seminaren zeigen Manager häufig ihre Frustration über die »Führung der finanziellen Seite ihres Unternehmens«. Diese Leute haben oft erfolgreich ein Geschäft gegründet, sie suchen aber nach finanziellen Werkzeugen, die ihnen eine effiziente Steuerung des Unternehmens möglich machen.

Einen Betrieb zu gründen, erfordert eine Idee, Selbstvertrauen und Anfangsgeldmittel. Nicht viel mehr.

Im Geschäft zu bleiben und erfolgreich zu werden erfordert *Finanzmanagement*. Es ist z. B. wichtig zu wissen, wie man eine Bilanz einschließlich Gewinn- und Verlustrechnung (G & V) liest und interpretiert. Diese finanziellen Diagnosewerkzeuge zeigen auf, wie ein Unternehmen steht: sehr gut, gut, mittel, schlecht oder insolvenzgefährdet.

Über die Hälfte der Neugründungen gehen innerhalb von 4 Jahren zugrunde. Weitere 30% scheitern innerhalb von 10 Jahren. Die restlichen überleben zwar, stagnieren aber häufig, ohne ihr volles Potential zu erreichen. Alle Insolvenzstatistiken nennen *Geldmangel* als *Hauptgrund für das Scheitern*.

Für jeden Unternehmer, gleichgültig ob alteingesessen oder neu, ist es wichtig zu wissen, womit man Geld macht und wodurch man es verliert. Das ist die Aufgabe der Finanz- und Betriebswirtschaft. Sind die Grundlagen moderner Unternehmensfinanzierung bekannt, dann kann durch ordentliche Planung und Kontrolle sowie durch richtige Entscheidungen in guten Zeiten noch mehr Geld gemacht und in schlechten weniger verloren werden.

Peter Kralicek

Peter Kralicek

Grundlagen der Finanzwirtschaft

- Bilanzen
- Gewinn- und Verlustrechnung
- Cash-flow
- Kalkulationsgrundlagen
- Finanzplanung
- Frühwarnsysteme

UEBERREUTER

Die Deutsche Bibliothek – CIP-Einheitsaufnahme

Kralicek, Peter:
Grundlagen der Finanzwirtschaft : Bilanzen, Gewinn- und
Verlustrechnung, Cash-flow, Kalkulationsgrundlagen,
Frühwarnsysteme, Finanzplanung / Peter Kralicek. – Wien :
Ueberreuter, 1991
   (50-Minuten-Training-Script) (Manager-Magazin-Edition)
   (Ueberreuter-Wirtschaft)
   ISBN 3-8000-3415-8

AU 184/1
Alle Rechte vorbehalten
Technische Redaktion: Dr. Andreas Zeiner
Umschlag: Beate Dorfinger
Illustrationen: Josef Koo
Typografie: Kurt Bauer
Copyright © 1991 by Verlag Carl Ueberreuter, Wien
Druck und Bindung: Carl Ueberreuter Druckerei Ges. m. b. H., Korneuburg
Printed in Austria

Inhalt und Aufbau dieses Buches

Dieses Buch vermittelt folgende *Inhalte* ...

- Verstehen der finanzwirtschaftlichen Grundbegriffe und deren praktische Umsetzung bzw. Anwendung.
- Kennzahlenvergleiche zwecks Aufdeckung von Schwachstellen und Verlustquellen.

... und beantwortet folgende *Fragen*:

- Was zeigen die Bilanz bzw. die Gewinn- und Verlustrechnung wirklich?
- Woher kommen die Daten, die für das Unternehmen bedeutungsvoll sind?
- Welcher Unterschied besteht zwischen Cash-flow und Gewinn?
- Wann ist das Ausborgen von Geld (Kreditaufnahme) sinnvoll und wann nicht?
- Was versteht man unter positivem und negativem Leverage-Effekt?
- Hat das Unternehmen zu hohe Schulden?
- Was ist der ROI, was der ROSTI?
- Was ist der Cash-flow-Zyklus?
- Wie ermittelt man den Kapitalbedarf?
- Wie sehen Kennzahlenformulare aus?
- Was ist eine Beurteilungsmatrix?
- Was ist ein Quicktest?

Der Aufbau des Buches erfolgt in fünf Schritten. Jedem Schritt ist ein Kapitel gewidmet.

Teil 1: *Erarbeitung der Grundlagen*
Hier wird dargestellt, wie eine Bilanz und G & V funktioniert und was die einzelnen Positionen bedeuten.

Teil 2: *Kennzahlencheck für vier Analysebereiche*
In diesem Kapitel wird erklärt, warum eine ausgewogene Kennzahlenanalyse die finanzielle Stabilität und die Ertragslage der Unternehmung getrennt voneinander checken muß.

Teil 3: *Wie führt man eine Kennzahlenanalyse durch?*
Berücksichtigt man die zahlreichen Tips, die in diesem Kapitel gegeben werden, dann wird die praktische Umsetzung keine Probleme bereiten. Alle Tips und Formularempfehlungen sind wichtig. *Besonders interessant* sind die

Ausführungen über die *Beurteilungsmatrix* und den *Quicktest*, weil das die »*Kennzahlen-Philosophie*« *des Autors* ist.

Teil 4: *Leerformulare zur Bestimmung der finanziellen Situation*
Ohne Formulare geht nichts in der Praxis. Hier werden alle *Leerformulare* vorgestellt, die in den Kapiteln 2, 3 und 5 erläutert und praktisch angewendet worden sind.

Teil 5: *Wie wird geplant, analysiert und kontrolliert?*
Jede Planung ohne kurzfristige Kontrolle ist sinnlos. Hier wird an einem einfachen Fallbeispiel gezeigt, wie die *Mittelverwendungs-* und *Mittelaufbringungsplanung,* eine *Planbilanz* und die *Planerfolgsrechnung* erstellt werden. *Anschließend* wird die Planbilanz durch *Kennzahlen, Bonitätsindikatoren* und *Kapitalfluß-rechnungen beurteilt* sowie ein *Ist-Plan-Vergleich* durchgeführt.

Achtung:
Dieses *Buch vermittelt* das *Grundsätzliche* und hilft, einige *Mißverständnisse auszuräumen,* macht den Leser aber zu keinem Finanzexperten.

Teil 1:

Erarbeitung der Grundlagen

1.1 Die Anatomie einer Bilanz

Die Bilanz weist die betrieblichen *Aktiva* (= Vermögen) auf der *linken Seite* und das *Eigenkapital* sowie das *Fremdkapital* (= Schulden) auf der *rechten Seite* aus. Man nennt die rechte Seite auch *Passiva*.

Bilanz	
Aktiva	Passiva
Anlage*vermögen* Umlauf*vermögen*	Eigen*kapital* Fremd*kapital*

Die *Aktiva* untergliedern sich immer in *zwei Hauptbereiche*, in das *Anlagevermögen* und das *Umlaufvermögen*.

Das *Anlagevermögen* ist *langfristig* (mehrjährig) im Betrieb *gebunden* und untergliedert sich in Grund, Gebäude, Maschinen, Einrichtung. Das *Umlaufvermögen* setzt sich aus Vorräten, Kundenforderungen, sonstigen Forderungen und flüssigen Mitteln zusammen. Weil alle Positionen des Umlaufvermögens innerhalb eines Jahres in Geld umgesetzt werden können, spricht man hier von *kurzfristiger Bindung*.

Das *Fremdkapital* (= Schulden, Verbindlichkeiten) wird – ebenso wie die Aktiva – in zwei Teile gegliedert, nämlich das *langfristige Fremdkapital* und das *kurzfristige Fremdkapital*. Müssen die *Schulden innerhalb eines Jahres zurückgezahlt* werden, dann spricht man von *kurzfristig*; beträgt die *Tilgung mehr als ein Jahr*, handelt es sich um *langfristige Verbindlichkeiten*. Typisch kurzfristige Verbindlichkeiten: Lieferantenverbindlichkeiten (Schulden für Warenlieferungen und Leistungen), Kontokorrentkredite (Bankkredite zur Finanzierung des Umlaufvermögens mit einer Kreditdauer von einem Jahr). Als langfristige Verbindlichkeiten können Hypothekarkredite (durch Grund und Gebäude abgesicherte Bankkredite mit einer mehrjährigen Laufzeit) und Rückstellungen, die erst in einigen Jahren zu Ausgaben führen (z. B. Rückstellung für Pensionen oder Abfertigungen), angeführt werden.

Die Differenz zwischen *Aktiven* und *Schulden* nennt man *Eigenkapital*. Anders ausgedrückt: Das Eigenkapital ist jener Wert, der dem Geschäftsinhaber nach Zahlung aller Schulden übrigbleibt.

♦ *Aktiva – Schulden = Eigenkapital* oder *Aktiva = Schulden + Eigenkapital*

Obige Bilanzgleichungen sind mit einer Waage vergleichbar, welche die Balance hält, weil die linke Waagschale gleich schwer ist wie die rechte. Diese Feststellung gilt auch für den Fall, daß die Schulden höher sind als die Aktiva. Dann nämlich wird das Eigenkapital zum *Fehlkapital* (auch *Minuskapital* genannt) und *rutscht* auf die *linke Seite*, wo es *zu den Aktiva addiert* wird. Die Bilanzgleichung für diesen Fall lautet also:

♦ *Aktiva + Fehlkapital = Schulden*

1.2 Wie funktioniert eine Bilanz? Oder:

Was verbirgt sich hinter den Zahlen einer Bilanz?

Bei jedem Geschäftsfall bzw. bei jeder Aktivität verändern sich mindestens zwei Bilanzpositionen, manchmal auch mehr; z. B. kann ein *Verkauf von Waren folgende Bilanzveränderungen* nach sich ziehen: *immer reduzieren sich* die *Warenvorräte* um die Verkaufsmenge, bewertet zum Einstandswert. Wenn es sich um ein *Bargeschäft* handelt, der Kunde also sofort bezahlt, *erhöhen sich* die *flüssigen Mittel*. Werden hingegen die *Waren auf Ziel* (= Kredit) *verkauft*, erhöhen sich die *Kundenforderungen*.

Nehmen wir an, ein Betrieb wird neu gegründet. Der Eigentümer legt 40 GE (= Geldeinheiten) bar ein. Die *Gründungsbilanz* hat nun folgendes Aussehen:

Aktiva		Passiva	
– Umlaufvermögen		– Eigenkapital	40
– flüssige Mittel	40		

Der Eigentümer entschließt sich, *zunächst ein Vorratslager aufzubauen,* und kauft Waren für GE 20, die er zu *50%*

bar bezahlen und zur anderen *Hälfte auf Ziel* (Kredit) anschaffen will. *Nach dieser Transaktion* hat die *Bilanz folgendes Aussehen*:

Aktiva		Passiva	
– Umlaufvermögen		– Eigenkapital	40
– *Vorräte*	20*	– Fremdkapital, kurzfristig	
– flüssige Mittel	30*	– *Lieferanten*	10*
Bilanzsumme	50	Bilanzsumme	50

Die *Bilanzsumme* hat sich *um GE 10 erhöht*, das ist jener Betrag, der beim Lieferanten geborgt worden ist. Er wird als

kurzfristiges Fremdkapital angesehen, weil die Absicht besteht, die Schuld nach 60 Tagen zurückzuzahlen, also weit unter einem Jahr.

Die Vorräte werden als Umlaufvermögen geführt, weil sie innerhalb eines Jahres in flüssige Mittel umgewandelt werden.

Anschließend will der Eigentümer eine *Fertigungshalle* (GE 15) *bauen* und *Maschinen* (GE 5) *kaufen*. Die *Finanzierung* erfolgt *je zur Hälfte mit Eigenmitteln* (flüssige Mittel bzw. bar) und *langfristigem Fremdkapital* (Hypothekarkredit mit 10jähriger Tilgungsdauer). Die neue Bilanz ist auf Seite 10 oben abgebildet.

Die *Bilanzsumme* hat sich *neuerlich um GE 10 erhöht*, das ist jener Betrag, der bei der Bank für die Investition geborgt worden ist. Dieser Bankkredit wird als langfristig angesehen, weil eine Tilgungsdauer von 10 Jahren (also mehr als 1 Jahr) vereinbart ist.

Weil sowohl das Gebäude als auch die Maschinen mehrere Jahre genutzt werden (also mehr als ein Jahr), sind sie dem Anlagevermögen (langjährige Bindung) zugeordnet worden.

Jetzt noch *abschließend* ein *Szenario, wie Verkäufe von Waren und Leistungen das*

Aktiva			Passiva	
– Anlagevermögen			– Eigenkapital	40
– Gebäude	15*		– Fremdkapital, langfristig	
– Maschinen	5*	20	– Hypothekar(bank)kredit	10*
		—	– Fremdkapital, kurzfristig	
– Umlaufvermögen			– Lieferanten	10
– Vorräte	20			
– flüssige Mittel	20*	40		
		—		
Bilanzsumme		60	**Bilanzsumme**	60

Bilanzbild verändern. Wenn Verkäufe getätigt werden, reduzieren sich zunächst die Vorratsbestände, gleichzeitig erhöhen sich bei Bargeschäften die flüssigen Mittel. Bei Zielverkäufen (Kreditverkäufen, Zahlungsziel z. B. 30 Tage) wird eine neue Bilanzposition angesprochen, die Position Kundenforderungen. Weil die Kundenforderungen innerhalb eines Jahren (z. B. nach 30 Tagen) zu flüssigen Mitteln werden, ordnet man sie dem Umlaufvermögen zu.

Angenommen, es werden *Vorräte zum (Einstands-)Wert von GE 15 um GE 20 (Verkaufs-Wert) verkauft,* wobei die *Hälfte Bargeschäfte* und der *Rest Zielumsätze* sind, dann hat das Bilanzbild nach dieser Transaktion folgendes Aussehen:

Aktiva			Passiva	
– Anlagevermögen			– Eigenkapital	
– Gebäude	15		– *vor* Verkaufstransaktion	40
– Maschinen	5		– *zuzüglich* Gewinn aus	
		20	Verkaufstransaktion	5*
– Umlaufvermögen		—	– *nach* Verkaufstransaktion	45
– *Vorräte*	5*			—
– *Kundenforderungen*	10*		– Fremdkapital, langfristig	
– *flüssige Mittel*	30*	45	– Hypothekarkredit	10
		—	– Fremdkapital, kurzfristig	
			– Lieferanten	10
Bilanzsumme		65	**Bilanzsumme**	65

Alle durch diese *Verkaufsaktivität veränderten Positionen* sind *mit * gekennzeichnet.*
Jedes Bilanzbild ist ein *Schnappschuß* über die Geschäftssituation zu einem bestimmten (selbstgewählten oder durch das Gesetz vorgegebenen) Zeitpunkt.
Jetzt soll noch studiert werden, wie eine Gewinn- und Verlustrechnung (G & V) funktioniert und was sich hinter den Zahlen verbirgt.

1.3 Die Anatomie einer
Gewinn- und Verlustrechnung (G & V)

Die Gewinn- und Verlustrechnung (G & V) zeigt alle Geschäftsfälle auf, die innerhalb einer bestimmten Periode zu *Erträgen* (Erlösen, »Einnahmen« im weitesten Sinn) und zu *Aufwendungen* (»Kosten«, »Spesen«, »Ausgaben« im weitesten Sinn) geführt haben. Als Periode wird meistens das Jahr, das Quartal, das Trimester (4 Monate) oder der Monat gewählt.

Auf die Gewinn- und Verlustrechnung, auch G & V genannt, wird immer bei der Einkommensteuererklärung Bezug genommen.

Die G & V weist die *Aufwendungen* auf der *linken Seite* und die *Erträge* auf der *rechten Seite* aus. Die Differenz zwischen Erträgen und Aufwendungen nennt man *Gewinn* bzw. *Verlust*.

G & V	
Aufwendungen *Gewinn*	Erträge

oder

G & V	
Aufwendungen	Erträge *Verlust*

Für eine *aussagefähige Kennzahlenanalyse* müssen sowohl bei den Erträgen als auch bei den Aufwendungen die *außerordentlichen Positionen ausgeschieden* werden. *Wenn die Leistung des Unternehmers* – rechtsformbedingt – *im Personalaufwand keinen Niederschlag* findet (z. B. bei Einzelunternehmungen, OHG, KG, Erwerbsgesellschaft), muß der Personalaufwand um den sogenannten *kalkulatorischen Unternehmerlohn* erhöht werden.

◆ *Merke: Die Aufwendungen müssen mindestens in Material, Personal, Fremdkapitalzinsen, Abschreibungen und Sonstiges gegliedert werden, weil diese Positionen die Grundlagen für einige wichtige Kennzahlen sind.*

1.4 Glossarium der Bilanz-Positionen

Das *Bilanzschema,* das *in diesem Buch* zur *Demonstration* und für die *Erläuterungen* verwendet wird, ist mit den *Zahlen eines kleinen Produktionsbetriebes (Kunststoffspritzerei)* gespeist worden. Die einzelnen Bilanzpositionen werden in der Folge kurz kommentiert.

Bilanz zum (Datum)				
Aktiva			**Passiva**	
– Anlagevermögen			– Eigenkapital	40
– Grund	3		– Fremdkapital, langfristig	
– Gebäude	15		– Hypothekarkredit	10
– sonst. Sachanlagevermögen	10		– Pensionsrückstellung	10	20
– Finanzanlagevermögen	2	30		
			– Fremdkapital, kurzfristig	
– Umlaufvermögen			– Lieferantenverbindlichkeiten	25
– liquide Mittel	2		– Kontokorrentkredit	10
– Kundenforderungen	20		– sonstige Verbindlichkeiten	5	40
– Vorräte	40			
– sonstige Forderungen	8	70		
Bilanzsumme		100	**Bilanzsumme**	100

G & V für (Jahr)			
Aufwendungen		**Erträge**	
Materialeinsatz	100	Fakturenerlöse	210
Personalkosten	40	– Bestandsverringerungen	
Fremdkapitalzinsen	2	Halb- und Fertigware	10
Verkaufsprovisionen	10		
Kundenskonto	4	= (Betriebsleistung)	200
Hilfs- und Betriebsstoffe	1		
Energie	5		
Instandhaltung Maschinen	3		
Werkzeugverbrauch	2		
sonstiger Aufwand	7		
Abschreibungen	10		
Dotierung Pensionsrückstellung	1		
Gewinn (vor ESt.)	15		
Gesamt	200	**Gesamt**	200

● **Anlagevermögen**

Langfristig gebundene Vermögensbestandteile, wie Grund, Gebäude, Maschinen, Geschäftsausstattung, Fuhrpark.
  Die *oben genannten Vermögensbestandteile* nennt man *Sachanlagevermögen. Langfristig gebundene Wertpapiere* und *Beteiligungen* nennt man *Finanzanlagevermögen.*
  Unter *langfristig* versteht man eine *Bindung* von *mehr als einem Jahr.*

● **Umlaufvermögen**

In der Regel *kurzfristig gebundene Vermögensbestandteile (Bindungsdauer geringer als ein Jahr),* wie z. B. flüssige Mittel (Kassabestände, Bankguthaben), Vorratsbestände (Rohstoffe, Hilfsstoffe, Halb- und Fertigfabrikate), Kundenforderungen und sonstige Forderungen (z. B. Gehaltsvorschüsse).

● **Eigenkapital**

Beim *Eigenkapital* handelt es sich um den *Differenzbetrag zwischen Aktiven* (Anlage- und Umlaufvermögen) und *Fremdkapital* (langfristiges und kurzfristiges).
  Das Eigenkapital setzt sich – je nach Rechtsform – aus folgenden Bilanzpositionen zusammen:

	Einzelfirma + Personengesellschaften	Körperschaften
– Eigenkapital	▨	
– Grund- bzw. Stammkapital		▨
– gesetzliche Rücklage		▨
– freie Rücklage		▨
– Gewinn-/Verlustvortrag		▨
– Jahresgewinn/-verlust	▨	▨
– steuerbegünstigte Rücklage	▨	▨
– ausstehende (= nicht eingezahlte) Einlage	▨	▨
– Gewinn-/Verlustverrechnungskonto	▨	
– Privatentnahme/-einlage	▨	
– Kapitalkonten Gesellschafter	▨	
– Einlage Gesellschafter	▨	

Personengesellschaften sind: OHG, KG, GesmbH & Co KG, Erwerbsgesellschaft
Körperschaften sind: GesmbH, AG

● **Fremdkapital**

Hier handelt es sich um *sämtliche Schulden*, die ein Unternehmen hat. Man *unter-scheidet* zwischen *kurzfristigem* und *langfristigem* Fremdkapital, wobei bei der *Fest-legung immer* ein *De-jure-* und nicht ein De-facto-Standpunkt einzunehmen ist (wichtig etwa bei Kontokorrentkrediten: de facto langfristig, de jure kurzfristig).

In der Praxis gibt es mehrere Fristigkeitsstufen; bei kleinen und mittleren Betrieben ist es meist üblich, daß alle Positionen, die länger als ein Jahr gebunden sind, als langfristig angesehen werden und die übrigen als kurzfristig.

	kurzfristig	langfristig
– Hypothekarkredit		✗
– (geförderter) Investitionskredit		✗
– Pensionsrückstellung		✗
– Abfertigungsrückstellung		✗
– Garantierückstellung	✗	✗
– Rückstellungen für Steuern	✗	
– Anzahlungen für geleistete Arbeiten	✗	
– Lieferantenverbindlichkeiten	✗	
– Kontokorrentkredit	✗	
– Saison-Überbrückungskredit	✗	
– sonstige Verbindlichkeiten	✗	

● **Bilanzsumme**

Bilanzsumme ist die *Summe* der *Aktiva bzw. Passiva*. Sie ergibt sich also entweder durch Addition des Anlage- und Umlaufvermögens oder durch Zusammenzählen des Eigen- und Fremdkapitals.

1.5 Glossarium der
Gewinn- und Verlustrechnung-Positionen

● **Betriebsleistung**

Die Betriebsleistung setzt sich wie folgt zusammen:

Umsatzerlöse (Fakturen- und Barerlöse)
± Bestandsveränderungen an Halb- und Fertigfabrikaten bzw. unfertigen Arbeiten
+ Skontoerträge
+ sonstige ordentliche Erträge (z. B. regelmäßig erzielte Abfallerlöse)
+ aktivierte Eigenleistungen

= Betriebsleistung

● **Materialeinsatz, Wareneinsatz**

Hier sind die *Kosten des verbrauchten Materials bzw. der verkauften Waren, bewertet zum Einstandspreis*, angesetzt. Die *Ermittlung des Material- bzw. Wareneinsatzes* erfolgt durch die Rechnung:

   Anfangsbestand
+ *Zukäufe*
– *Endbestand*

= Einsatz

● **Personalkosten**

Hier sind *sämtliche ausbezahlte Gehalts- und Lohnkosten mit allen Nebenkosten* inkludiert, nicht aber die Dotierung zur Pensionsrückstellung. Letztere ist als eigenständige Position dargestellt, *weil die Dotierung einer Pensionsrückstellung nicht ausgabenwirksam ist.*

● **Fremdkapitalzinsen**

Diese sind das *Entgelt für ausgeborgtes Geld* (hier: 10% für Hypothekar- und Kontokorrentkredit).

● **Verkaufsprovision**

Diese Position nennt man auch *Sondereinzelkosten des Vertriebes*. Sie wird den Vertretern nach Abschluß von Verkaufsgeschäften ausbezahlt.

● **Kundenskonto**

Wenn die *Kunden* die *Ausgangsrechnungen sofort oder nach wenigen Tagen zahlen*, ziehen sie sich einen *Anerkennungsbetrag (Kundenskonto)* ab. Nützen sie das Zahlungsziel (z. B. 30 oder 60 Tage) voll aus, fällt kein Kundenskonto an.

● **Energie**

Strom, Gas und flüssige Brennstoffe für die Fertigung (z. B. zum Betreiben der Maschinen oder zum Schmelzen von Rohstoffen).

● **Abschreibungen**

Bei dieser Position handelt es sich um eine *Rechengröße*, die sich dadurch ergibt, wenn man die in der Vergangenheit getätigten Investitionen durch die voraussichtlichen Nutzungsjahre dividiert. Die Abschreibungen sind *nicht ausgabenwirksam* und *können* daher – ebenso wie der Gewinn – *zur Finanzierung verwendet* werden.

● **Dotierung Pensionsrückstellung**

Dieser Betrag ist *ebenfalls* eine *Rechengröße*. Es handelt sich hier um die Differenz zwischen den versicherungsmathematischen Barwerten am Beginn und am Ende des Wirtschaftsjahres. Auch diese Position ist *nicht ausgabenwirksam* und *kann* – so wie die Abschreibungen und der Gewinn – *zur Finanzierung verwendet werden* (Cash-flow).

Teil 2:

Kennzahlen-Check für vier Analysebereiche

Achtung:

Jeder Wert, der für die Ermittlung einer Kennzahl benötigt wird, ist in der Bilanz und G & V durch ein umrandetes Feld besonders hervorgehoben; damit wird der Nach-vollzug für den Leser erleichtert.

2.1 Kennzahlenanalyse: Warum? Wie? Wann?

Keine Angst vor Kennzahlen!

● **Warum?**

Weil man *mit Kennzahlen Sachverhalte objektivieren* kann. Es wird dringend empfohlen, die Entwicklung des laufenden Geschäftes zu kontrollieren und zu analysieren, etwa dadurch, daß man die Ist-Werte mit Planwerten oder Ist-Werten der gleichen Periode des Vorjahres vergleicht. Abweichungen wird es bei diesem Vergleich immer geben. Kleine *Abweichungen* wird man vernachlässigen können, größere sind zu *analysieren*. Hat man die *Ursachen gefunden*, sind *sofort Gegenmaßnahmen* einzuleiten.

● **Wie?**

Prinzipiell so, wie dies in den nächsten Seiten demonstriert wird. Neben der Kennzahlenermittlung ist es *wichtig, streng nach den Analysebereichen zu trennen*, weil *sonst eventuelle negative Entwicklungen zu spät erkannt* werden. Dies insbesondere dann, wenn durch einen gesunden Analysebereich Kennzahlen eines kranken Bereiches überdeckt werden.

Die Empfehlungen des Autors sind, die *Kennzahlen* so zu *verdichten*, daß eine *getrennte Aussage* in bezug auf *finanzielle Stabilität* und *Ertragslage* erfolgen kann.

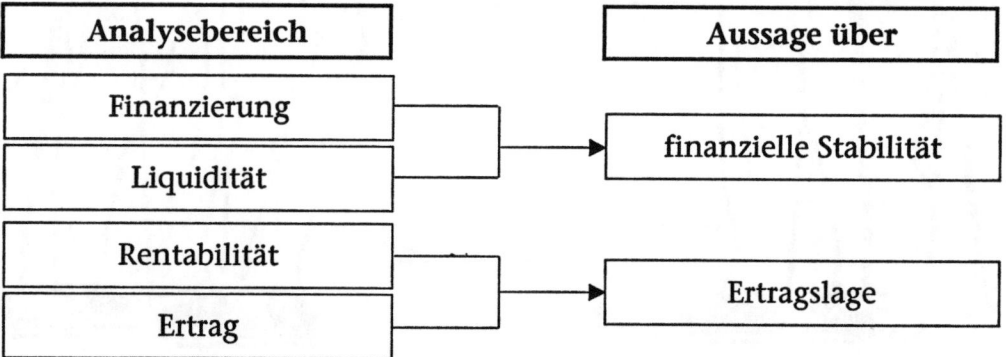

Bei dieser Vorgangsweise kann man jede Unternehmung einem der vier Felder nachstehender *Beurteilungsmatrix* zuordnen (+ = gut, – = schlecht).

finanzielle Stabilität	+		finanzielle Stabilität	−
Ertragslage	+		Ertragslage	+

finanzielle Stabilität	+		finanzielle Stabilität	−
Ertragslage	−		Ertragslage	−

Für Unternehmen, die eine *schlechte* oder eine sich laufend verschlechternde *Ertragslage* aufweisen, *(aber noch)* eine *befriedigende finanzielle Stabilität* haben, kann eine *differenzierte Information* gar *nicht früh genug* kommen. *Nur dann* hat man eine *reelle Chance*, ein entsprechendes *Erfolgssanierungsprogramm* einzuleiten. Ist das Unternehmen in beiden Bereichen negativ, dann kommt eine Sanierung meistens zu spät.

● **Wann?**

Der Kennzahlencheck sollte *mindestens einmal jährlich – nach Vorliegen der Bilanz –* erstellt werden.

In den *meisten Fällen* wird das *Einjahres-Kontrollintervall zu lang* sein. *Kontrolle* ist praktisch *nur sinnvoll*, wenn sie *kurzfristig* erfolgt, damit man bei Abweichungen rasch Gegenmaßnahmen ergreifen kann. Unter diesen Aspekten scheint eine monatliche, *vierteljährliche* oder trimestermäßige (viermonatige) *Betrachtungsdauer* als *sinnvoll*.

Werden die *Kennzahlen händisch* bzw. mittels Taschenrechner *errechnet*, dann kann man *monatlich nur einige, vierteljährlich* bzw. trimestermäßig *alle Kennzahlen* ermitteln.

Werden PCs eingesetzt, dann sollten auch bei den *monatlichen Intervallen alle Kennzahlen* ermittelt werden.

Achtung: Bei *unterjähriger Kennzahlenermittlung* sind gewisse *Regeln* zu beachten, die in *Teil 3* erläutert werden.

● **Keine Angst vor Kennzahlen!**

Man sollte den Kennzahlen *nicht ängstlich* gegenüberstehen, sondern sie als *Freund* und *Helfer* betrachten.

Kennzahlen können nicht Erfahrungen (Know-how) oder gutes Management ersetzen, aber sie *machen gutes Management besser*. Kennzahlen können Entwicklungen aufzeigen, die man sonst übersehen hätte.

Kennzahlen helfen dem Manager *Entscheidungen vorzubereiten*, die Entscheidung selbst nehmen sie ihm aber nicht ab.

Auch bei den *Kennzahlen* ist ein *gesundes Mittelmaß* wichtig. *Zu viele* Kennzahlen *verwirren*.

2.2 Analysebereich 1: Finanzierungskennzahlen

Kennzahlen des Analysebereiches Finanzierung

- Eigenkapitalquote *)
- Anlagevermögen in % des Gesamtverm.
- Anlagendeckung A und B

- Working capital in % des Umlaufverm.
- Debitorenziel in Tagen
- Kreditorenziel in Tagen
- Lagerdauer in Tagen

2.2.1 Eigenkapitalquote

Was ist sie? Wie wird sie ermittelt?

Die Eigenkapitalquote drückt das berichtigte Eigenkapital in Prozent zur Bilanzsumme aus. Berichtigtes Eigenkapital heißt: Erhöhung um stille Reserven im Anlage- und Umlaufvermögen, Erhöhung um Rücklagen und um jenen Teil der Rückstellungen, die Eigenkapitalcharakter haben (z. B. übervorsichtig angesetzte Garantierückstellungen).

Bilanz zum (Datum)					
Aktiva			**Passiva**		
– **Anlagevermögen**			– **Eigenkapital**		40
– Grund	3				
– Gebäude	15		– **Fremdkapital, langfristig**		
– sonst. Sachanlagevermögen	10		– Hypothekarkredit	10	
– Finanzanlagevermögen	2	30	– Pensionsrückstellung	10	20
		—			—
– **Umlaufvermögen**			– **Fremdkapital, kurzfristig**		
– liquide Mittel	2		– Lieferantenverbindlichkeiten	25	
– Kundenforderungen	20		– Kontokorrentkredit	10	
– Vorräte	40		– sonstige Verbindlichkeiten	5	40
– sonstige Forderungen	8	70			— —
	—	—			
Bilanzsumme		100	**Bilanzsumme**		100

Eigenkapitalquote: Formel:

$$\frac{\text{Eigenkapital} \times 100}{\text{Gesamtkapital}} = \frac{4\,000}{100} = 40\%$$

*) Die Eigenkapitalquote ist *besonders aussagefähig* und *nicht störanfällig;* sie ist daher eine der vier *Quicktest-Kennzahlen.*

Wie hoch soll sie sein?

Die Eigenkapitalquote sollte mindestens 20% betragen, dann sind sowohl die Bankdirektoren als auch die Eigentümer zufrieden. Besser wären 25% bis 30% oder noch mehr. Man sieht es nämlich in Bankkreisen gerne, wenn mit dem Eigenkapital mindestens drei Verlustjahre abgedeckt werden.

Unterstellt man, daß sich das Gesamtkapital jährlich zweimal umschlägt, dann können bei einer 20%igen Eigenkapitalquote drei Verlustjahre mit einem Verlust von je 3,3% vom Umsatz abgedeckt werden, bei einer 30%igen Eigenkapitalquote vier Verlustjahre mit einem Verlust von je 3,75% vom Umsatz.

Wieso?

Ein *Kapitalumschlag von 2* bedeutet, daß die *Betriebsleistung 2x so groß wie* die *Bilanzsumme* ist.

Auch die hier demonstrierte Industrietestfirma weist einen Kapitalumschlag von 2 auf, weil die Betriebsleistung GE 200 und die Bilanzsumme GE 100 betragen. Die *geforderte Mindest-Eigenkapitalquote von 20% bedeutet, 20% von der Bilanzsumme bzw. 10% von der Betriebsleistung, weil der Kapitalumschlag 2 ist.* Ein Eigenkapital, das 10% der Betriebsleistung beträgt, vermag einen Verlust von 10% der Betriebsleistung abzudecken, also z. B. *3 Jahre* einen *Verlust von 3,3%,* oder *4 Jahre* einen *Verlust von 2,5%,* usw.

Wie hoch ist sie bei Vergleichsbetrieben? Wie nennt man sie noch?

Analyse-bereich	Un-ter-grup-pe	Kennzahl	synonyme Bezeich-nungen	gute Durchschnittswerte			
				Indu-strie (Erzeu-gung)	Ge-werbe (Hand-werk)	Groß-han-del	Ein-zel-han-del
Finan-zielle Stabilität	Finan-zie-rung	Eigen-kapital-quote in %	Eigen-kapital-intensität Eigen-kapital-ausstattung	20%	22%	15%	*)

*) Kein Durchschnittswert möglich, weil Streuung zu groß bzw. kein repräsentativer Wert bekannt ist.

2.2.2 Anlagevermögen in % des Gesamtvermögens

Was bedeutet niedriges und hohes Anlagevermögen?

Je *niedriger* das Anlagevermögen, *desto flexibler* ist das Unternehmen *bei Anpassungen an unterschiedliche Beschäftigungsgrade.* Bei Unterbeschäftigung schlägt das Problem der Leerkosten (= nicht ausgenützte Fixkosten) nicht so stark auf den Erfolg durch wie bei anlagenintensiven Betrieben. Andererseits können personalintensive Unternehmen mit niedriger Anlagenintensität in der Anpassung bei Beschäftigungsrückgängen durch den starren Personalkostenblock auch sehr unflexibel sein.

Niedriges Anlagevermögen kann aber auch – insbesondere *bei Produktionsbetrieben – unvorteilhaft* sein. Dann nämlich, wenn durch *jahrelange Investitionsstopps* das Anlagevermögen *ausgezehrt* wird, dadurch der technische Fortschritt (Rationalisierung) abnimmt und in Zukunft Ertragseinbußen nur mit hohen Investitionsausgaben verhindert werden können.

Bilanz zum (Datum)				
Aktiva			**Passiva**	
– Anlagevermögen			– Eigenkapital	40
– Grund	3			
– Gebäude	15		– Fremdkapital, langfristig	
– sonst. Sachanlagevermögen	10		– Hypothekarkredit	10
– Finanzanlagevermögen	2	30	– Pensionsrückstellung	10 20
– Umlaufvermögen			– Fremdkapital, kurzfristig	
– liquide Mittel	2		– Lieferantenverbindlichkeiten	25
– Kundenforderungen	20		– Kontokorrentkredit	10
– Vorräte	40		– sonstige Verbindlichkeiten	5 40
– sonstige Forderungen	8	70		
Bilanzsumme		100	**Bilanzsumme**	100

Anlagenintensität:

$$\text{Formel:} \quad \frac{\text{Anlagevermögen} \times 100}{\text{Bilanzsumme}} = \frac{3\,000}{100} = 30\%$$

Niedriges Anlagevermögen ist *manchmal* auch ein *Signal* für *größere Leasing-Engagements.*

Hohes Anlagevermögen kann durch *Fehlinvestitionen* entstanden sein. Durch die hohe Kapitalbindung wird die Ertragskraft kleiner und manchmal auch die Liquidität negativ beeinflußt. *Andererseits* kann eine hohe Anlagenintensität auch durch *erfolgreiche Rationalisierungsinvestition* entstanden sein, was positiv zu beurteilen wäre.

Wie hoch ist diese Kennzahl bei Vergleichsbetrieben? Wie nennt man sie noch?

Analyse-bereich	Un-ter-grup-pe	Kennzahl	synonyme Bezeich-nungen	gute Durchschnittswerte			
				Indu-strie (Erzeu-gung)	Ge-werbe (Hand-werk)	Groß-han-del	Ein-zel-han-del
Finan-zielle Stabilität	Finan-zie-rung	Anlagever-mögen in % des Gesamt-vermögens	Anlagen-intensität	33%	25%	15%	18%

♦ *Achtung bei Interpretation!*
Bei Industriebetrieben gilt: Je höher die Anlagenintensität, desto besser. Bei den Gewerbe-, Großhandels- und Einzelhandelsbetrieben ist es genau umgekehrt: Je niedriger das Anlagevermögen in % des Gesamtvermögens, desto günstiger die Beurteilung.

2.2.3 Anlagendeckung A und B

Was ist sie?

Die Anlagedeckungskennzahlen drücken aus, zu wieviel Prozent das Anlagevermögen durch Eigenkapital (= Anlagendeckung A) bzw. durch Eigenkapital und langfristiges Fremdkapital (= Anlagendeckung B) abgedeckt (finanziert) ist.

Bilanz zum (Datum)			
Aktiva		**Passiva**	
– Anlagevermögen		– Eigenkapital	40[1])[2]
– Grund	3	– Fremdkapital, langfristig	
– Gebäude	15	– Hypothekarkredit	10
– sonst. Sachanlagevermögen	10	– Pensionsrückstellung	10 20[2]
– Finanzanlagevermögen	2 30[1])[2]		
– Umlaufvermögen		– Fremdkapital, kurzfristig	
– liquide Mittel	2	– Lieferantenverbindlichkeiten	25
– Kundenforderungen	20	– Kontokorrentkredit	10
– Vorräte	40	– sonstige Verbindlichkeiten	5 40
– sonstige Forderungen	8 70		
Bilanzsumme	100	**Bilanzsumme**	100

[1]) Anlagendeckung A:

$$\text{Formel:} \quad \frac{\text{Eigenkapital} \times 100}{\text{Anlagevermögen}} = \frac{4\,000}{30} = 133\%$$

[2]) Anlagendeckung B:

$$\text{Formel:} \quad \frac{(\text{Eigenkapital} + \text{langfristiges Fremdkapital}) \times 100}{\text{Anlagevermögen}} = \frac{6\,000}{30} = 200\%$$

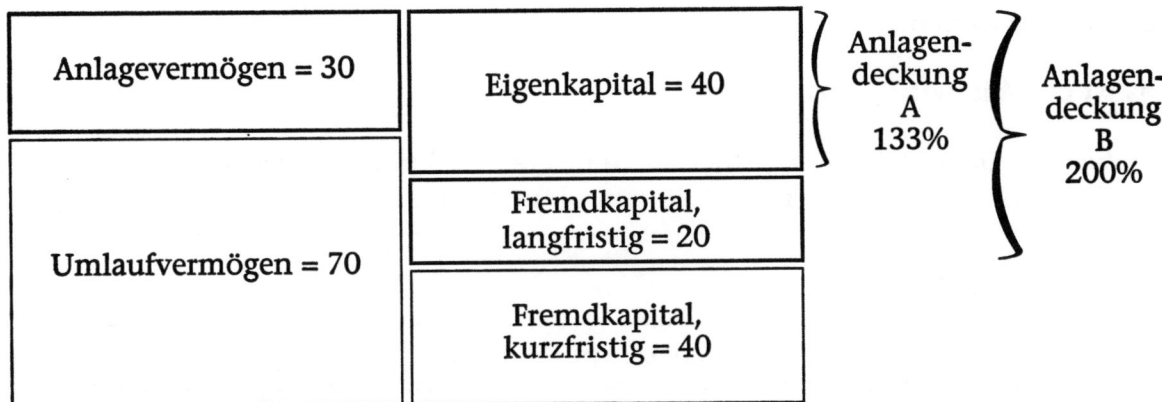

Wie hoch soll sie sein?

Für den *Deckungsgrad A* gibt es *keine allgemeine Regel* über die Höhe. Der *Deckungsgrad B* sollte immer *größer als 100%* sein.

Wie hoch sind die Anlagendeckungen bei Vergleichsbetrieben? Wie nennt man sie noch?

Analyse-bereich	Un-ter-grup-pe	Kennzahl	synonyme Bezeich-nungen	gute Durchschnittswerte			
				Indu-strie (Erzeu-gung)	Ge-werbe (Hand-werk)	Groß-han-del	Ein-zel-han-del
Finanziel-le Stabili-tät	Finan-zie-rung	Anlagen-deckung A	Deckungs-grad 1 in %	70%	80%	90%	*)
		Anlagen-deckung B	Deckungs-grad 2 in %	130%	*)	180%	106%

*) Kein Durchschnittswert möglich, weil Streuung innerhalb der Gruppe zu groß bzw. kein repräsentativer Wert bekannt ist.

2.2.4 Working capital

Was ist es? Wie wird es ermittelt?

(Kurzfristiges) Umlaufvermögen (innerhalb eines Jahres liquidier- bzw. abbaubar)
– *(kurzfristiges) Fremdkapital* (innerhalb eines Jahres rückzahlbar)

= *Working capital*

Bilanz zum (Datum)					
Aktiva			**Passiva**		
– **Anlagevermögen**			– **Eigenkapital**		40
– Grund	3				
– Gebäude	15		– **Fremdkapital, langfristig**		
– sonst. Sachanlagevermögen	10		– Hypothekarkredit	10	
– Finanzanlagevermögen	2	30	– Pensionsrückstellung	10	20
		—			—
– **Umlaufvermögen**			– **Fremdkapital, kurzfristig**		
– liquide Mittel	2		– Lieferantenverbindlichkeiten	25	
– Kundenforderungen	20		– Kontokorrentkredit	10	
– Vorräte	40		– sonstige Verbindlichkeiten	5	40
– sonstige Forderungen	8	70			—
	—	—			
Bilanzsumme		100	**Bilanzsumme**		100

Working capital in % des Umlaufvermögens:

Formel: $\dfrac{\text{(kurzfr. Umlaufvermögen – kurzfr. Fremdkapital)} \times 100}{\text{kurzfristiges Umlaufvermögen}} =$

$$= \frac{3\,000}{70} = 43\%$$

Wie hoch soll es sein?

Das *Working capital* sollte *unbedingt positiv* sein und *möglichst 30% bis 50% des Umlaufvermögens* betragen. Es kann – so wie die Gesamtliquidität (Liquidität 3. Grades) eine *Aussage über eingetretene Liquiditätsveränderungen* machen.

Beim *Testbetrieb* ist das *Working capital* – wie man sieht – *ausreichend*, weil es 43% des Umlaufvermögens beträgt.

Anlagevermögen = 30		Eigenkapital = 40
Umlaufvermögen = 70	Working capital = 30	Fremdkapital, langfristig = 20
		Fremdkapital, kurzfristig = 40

Working capital und langfristiges Finanzierungspotential

Die Aussage des *Working capital in bezug auf das langfristig zur Verfügung stehende Finanzierungspotential kann bei interner Analyse* (bei externer Analyse fehlen die notwendigen Informationen) *wie folgt verbessert werden:*

Working capital
+ nicht ausgenutzte langfristige Kreditmöglichkeiten
– langfristige Verbindlichkeiten, die kurzfristig fällig werden
+ kurzfristige Verbindlichkeiten, die als langfristig zu betrachten sind (Verlängerungszusage liegt vor)
– Teile des Umlaufvermögens, die zu langfristig gebundenem Vermögen werden
+ langfristige Vermögensteile, die sich in kurzfristiges Umlaufvermögen umwandeln
+ ausstehende Einlagen und Nachschüsse, die kurzfristig eingefordert werden können

= langfristiges Finanzierungspotential

Quelle: Perridon/Steiner, Finanzwirtschaft der Unternehmung, Vahlen

2.2.5 Debitorenziel in Tagen, Kreditorenziel in Tagen, Lagerdauer in Tagen

Bilanz zum (Datum)			
Aktiva		**Passiva**	
– Anlagevermögen		– Eigenkapital	40
– Grund	3		
– Gebäude	15	– Fremdkapital, langfristig	
– sonst. Sachanlagevermögen	10	– Hypothekarkredit	10
– Finanzanlagevermögen	2 30	– Pensionsrückstellung	10 20
– Umlaufvermögen		– Fremdkapital, kurzfristig	
– liquide Mittel	2	– Lieferantenverbindlichkeiten	25 [2]
– Kundenforderungen	20 [1]	– Kontokorrentkredit	10
– Vorräte	40 [3]	– sonstige Verbindlichkeiten	5 40
– sonstige Forderungen	8 70		
Bilanzsumme	100	**Bilanzsumme**	100

G & V für (Jahr)			
Aufwendungen		**Erträge**	
Materialeinsatz	100 [2][3]	Fakturenerlöse	210 [1]
Personalkosten	40	– Bestandsverringerungen	
Fremdkapitalzinsen	2	Halb- und Fertigware	10
Verkaufsprovisionen	10		
Kundenskonto	4	= (Betriebsleistung)	200
Hilfs- und Betriebsstoffe	1		
Energie	5		
Instandhaltung Maschinen	3		
Werkzeugverbrauch	2		
sonstiger Aufwand	7		
Abschreibungen	10		
Dotierung Pensionsrückstellung	1		
Gewinn (vor ESt.)	15		
Gesamt	200	**Gesamt**	200

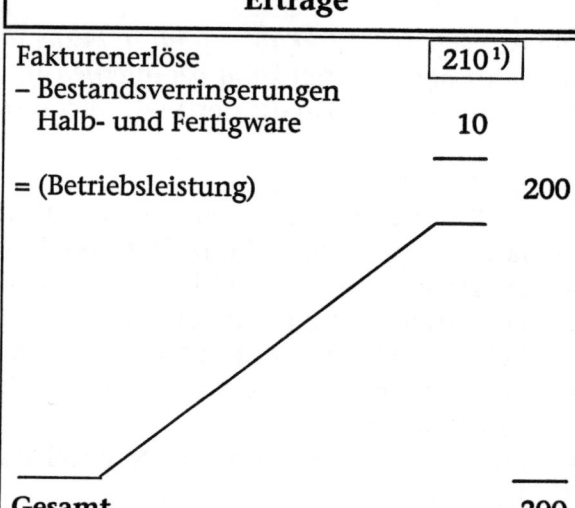

¹) Debitorenziel in Tagen:

$$\text{Formel:} \quad \frac{\text{Kundenforderungen} \times 365}{\text{Umsatz}} = \frac{7\,300}{210} = 35 \text{ Tage}$$

²) Kreditorenziel in Tagen:

$$\text{Formel:} \quad \frac{\text{Lieferantenverbindlichkeiten} \times 365}{\text{Materialeinsatz} + \text{Fremdleistung}} = \frac{9\,125}{100} = 91 \text{ Tage}$$

³) Lagerdauer in Tagen:

$$\text{Formel:} \quad \frac{\text{Vorräte} \times 365}{\text{Materialeinsatz}} = \frac{14\,600}{100} = 146 \text{ Tage}$$

Allgemeine Bemerkungen

Diese *drei Kennzahlen* sind deshalb von Bedeutung, weil sie *aufzeigen, wie schnell* die einzelnen *Geldströme durch* das *Unternehmen fließen. Von der Durchsatzgeschwindigkeit* wird nicht nur die *Liquidität*, sondern auch die *Ertragslage stark beeinflußt.*

Der sogenannte *Cash-flow-Zyklus* befaßt sich mit allen Bereichen des Unternehmens, *konzentriert sich* aber meistens *auf folgende vier Positionen der Bilanz:*

– *flüssige Mittel*
– *Vorräte*
– *Kundenforderungen*
– *Lieferantenverbindlichkeiten*

Das in Vorräten und Kundenforderungen gebundene Geld bringt keine Zinsen. Es soll daher so niedrig wie möglich gehalten werden.

Bei Lieferantenverbindlichkeiten ist zu prüfen, ob die Ausnutzung der Skontoerträge wirtschaftlicher ist als die Zielinanspruchnahme. Bei diesem Check handelt es sich um *Cash-Management.*

Der *Cash-flow-Zyklus* für die *Kunststoffspritzerei* kann *aus nebenstehender Bilanz und G & V wie folgt hergeleitet* werden.

	Basiswerte aus		Verweildauer in	
	Bilanz	G & V	Tagen	Jahren
+ *Vorräte (nur Rohstoffe)*	40	100 [a]	146	0,4
+ *Kundenforderungen*	20	210 [b]	35	0,1
= Zwischensumme	60		181	0,5
– *Lieferantenverbindlichkeiten*	25	100 [a]	91	0,25
= *Cash-flow-Zyklus*	/////	/////	90	0,25
= *Nettokapitalbedarf f. d. UV*	35			

[a]) Materialeinsatz   [b]) Fakturenerlöse

Für die *Berechnung der Verweildauer* werden den *Vorräten* der *Materialeinsatz gegen-übergestellt*, den *Kundenforderungen* der *Fakturenerlös* und den *Lieferantenverbindlich-keiten* wieder der *Materialeinsatz*. Bei der Bilanzposition »Vorräte« wurde unterstellt, daß es sich ausschließlich um Rohstoffe handelt und daß zum Bilanzstichtag keine Halb- und Fertigfabrikate lagernd waren. Die Verweildauer in Tagen ergibt sich, wenn man die jeweilige Bilanzposition durch die G & V-Position dividiert und anschließend mit 365 multipliziert. *Dividiert man* die *Verweildauer in Tagen durch 365*, dann erhält man die *Verweildauer in Jahren*.

Beurteilung des Cash-flow-Zyklus

Die durchschnittliche Verweildauer der Vorräte und Kundenforderungen beträgt 181 Tage bzw. ein halbes Jahr. Davon wird die Hälfte, nämlich 91 Tage bzw. ein Vierteljahr, von den Lieferantenverbindlichkeiten finanziert, so daß der *gesamte Cash-flow-Zyklus 90 Tage bzw. ein Vierteljahr beträgt*. Die *Verweildauer* von *146 Tagen* bei den *Vorräten* scheint *verbesserungsfähig*. Hier muß eine *Lageranalyse* mit dem Ziel einer *wirtschaftlichen Planverweildauer* durchgeführt werden. Die Verweildauer der Kundenforderungen ist gut; hier sind kaum Verbesserungen zu erwarten. Bei den Lieferantenverbindlichkeiten ist zu prüfen, ob die Möglichkeit der Skontoausnutzung nicht vorteilhafter ist als die derzeitige Ziellösung.

Nettokapitalbedarf für das Umlaufvermögen

Der *Bruttokapitalbedarf für Vorräte und Kundenforderungen beträgt GE 60, der Netto-kapitalbedarf nach Abzug der Lieferantenverbindlichkeiten GE 35*. Zu diesem Wert gelangt man auch, wenn man die entsprechenden G & V-Positionen (bezogen auf das gesamte Geschäftsjahr) mit den Jahres-Verweildauer-Faktoren multipliziert. Man nennt diese Rechnung »*Kapitalbedarfsrechnung aus dem Umsatzprozeß unter Berücksichtigung der Verweildauer*«.

	Werte aus Jahres-G&V (Umsatzprozeß)	Verweildauer in		Kapital-bedarf
		Tagen	Jahren	
+ Vorräte (nur Rohstoffe)	100	146	0,4	40
+ Kundenforderungen	210	35	0,1	20
= Zwischensumme (Brutto-kapitalbedarf für Umlauf-vermögen)				60
– Lieferantenverbindlichkeiten	100	91	0,25	25
= *Nettokapitalbedarf für das Umlaufvermögen*				35

Obige Rechnung ist *für Kapitalbedarfsrechnungen, Investitionsrechnungen* (zur Bestimmung des investitionsrelevanten Umlaufvermögens) und bei *Planbilanzen* eine *wichtige Grundlage*, die von *Bankern* und *sonstigen Geldgebern gern gesehen* wird, weil sie *leicht kontrollier- und nachvollziehbar* ist.

Wie hoch sind sie bei Vergleichsbetrieben? Wie nennt man sie noch?

Analyse-bereich	Un-ter-grup-pe	Kennzahl	synonyme Bezeich-nungen	gute Durchschnittswerte			
				Indu-strie (Erzeu-gung)	Ge-werbe (Hand-werk)	Groß-han-del	Ein-zel-han-del
Finanziel-le Stabili-tät	Finan-zie-rung	Debitoren-ziel in Tagen	Verweildauer Debitoren	60 Tage	60 Tage	60 Tage	18 Tage
		Kreditoren-ziel in Tagen	Verweildauer Kreditoren	100 Tage	100 Tage	100 Tage	100 Tage
		Lagerdauer in Tagen	Verweildauer Vorräte	130 Tage	70 Tage	80 Tage	150 Tage

2.3 Analysebereich 2: Liquiditätskennzahlen

Kennzahlen des Analysebereiches Liquidität

– Liquidität 1. Grades
– Liquidität 2. Grades
– Liquidität 3. Grades
– Schuldtilgungsdauer *)

2.3.1 Liquidität 1., 2. und 3. Grades

Bilanz zum (Datum)			
Aktiva		**Passiva**	
– Anlagevermögen		– Eigenkapital	40
– Grund	3		
– Gebäude	15	– Fremdkapital, langfristig	
– sonst. Sachanlagevermögen	10	– Hypothekarkredit	10
– Finanzanlagevermögen	2 30	– Pensionsrückstellung	10 20
	—		—
– Umlaufvermögen		– Fremdkapital, kurzfristig	
– liquide Mittel	2[1]	– Lieferantenverbindlichkeiten	25
– Kundenforderungen	20	– Kontokorrentkredit	10
– Vorräte	40[2]	– sonstige Verbindlichkeiten	5 40 [1][2][3]
– sonstige Forderungen	8 70[2][3]		
	—		—
Bilanzsumme	100	**Bilanzsumme**	100

[1] **Liquidität 1. Grades:**

$$\text{Formel:} \quad \frac{\text{flüssige Mittel} \times 100}{\text{kurzfristiges Fremdkapital}} = \frac{200}{40} = 5\%$$

[2] **Liquidität 2. Grades:**

$$\text{Formel:} \quad \frac{(\text{kurzfrist. UV} - \text{Vorräte} - \text{geleist. Anzahlungen}) \times 100}{\text{kurzfristiges Fremdkapital}} = \frac{3\,000}{40} = 75\%$$

[3] **Liquidität 3. Grades:**

$$\text{Formel:} \quad \frac{\text{kurzfristiges Umlaufvermögen} \times 100}{\text{kurzfristiges Fremdkapital}} = \frac{7\,000}{40} = 175\%$$

Allgemeine Bemerkungen

Bei allen drei Liquiditätskennzahlen handelt es sich um stichtagsbezogene Werte, die stark beeinflußt werden können, so daß wenige Tage vor oder nach dem Stichtag eine ganz andere Situation vorherrschen kann. Für den Bilanzanalytiker ist bei diesen Kennzahlen also *größte Vorsicht geboten.* In Verbindung mit anderen Kennzahlen kommt ihnen jedoch eine gewisse Bedeutung zu.

Wie nennt man sie noch?

Liquidität 1. Grades: Kassaliquidität, Barliquidität, Absolute liquidity ratio
Liquidität 2. Grades: Net quick ratio, *Acid Test*
Liquidität 3. Grades: Gesamtliquidität, Mobilität, Current ratio

2.3.2 Liquidität 2. Grades

Diese Kennzahl dient zur Beurteilung, *in welchem Umfang* das *kurzfristige Fremdkapital durch flüssige Mittel und Forderungen gedeckt* ist. Weiters wird die Frage beantwortet, wie groß die Zahlungsbereitschaft des Unternehmens ist. *Grundsätzlich gilt: Ist der Kennzahlenwert größer als 100, kann die Liquidität als ausreichend* angesehen werden, ist der *Kennzahlenwert kleiner als 100,* dann ist die *Liquidität als knapp* anzusehen.
Der *Acid Test* zeigt folgendes Bild:

Soll			Ist		
	Anlagevermögen	Eigenkapital		Anlagevermögen = 30	Eigenkapital = 40
	Vorräte	Fremdkapital, langfristig		Vorräte = 40	Fremdkapital, langfristig = 20
	Forderungen + liquide Mittel	Fremdkapital kurzfristig		Forderungen + liquide Mittel = 30	Fremdkapital, kurzfristig = 40

Die Liquidität 2. Grades ist im Ist-Zustand mit 75% *nicht* ganz *ausreichend.*

2.3.3 Liquidität 3. Grades

Ist der *Kennzahlenwert größer als 150%, kann die Mobilität als ausreichend* bezeichnet werden, ist sie *kleiner als 150%,* dann ist die *Mobilität knapp.* Die Liquidität 3. Grades ist im Ist-Zustand mit 175% *ausreichend.*

---

*) Die Schuldtilgungsdauer ist *besonders aussagefähig* und *nicht störanfällig;* sie ist daher eine der vier Quicktest-Kennzahlen.

2.3.4 Schuldtilgungsdauer in Jahren

Bilanz zum (Datum)				
Aktiva			**Passiva**	
– Anlagevermögen			– Eigenkapital	40
– Grund	3		– Fremdkapital, langfristig	
– Gebäude	15		– Hypothekarkredit	10
– sonst. Sachanlagemögen	10		– Pensionsrückstellung	10 20
– Finanzanlagevermögen	2	30		
– Umlaufvermögen			– Fremdkapital, kurzfristig	
– liquide Mittel	2		– Lieferantenverbindlichkeiten	25
– Kundenforderungen	20		– Kontokorrentkredit	10
– Vorräte	40		– sonstige Verbindlichkeiten	5 40
– sonstige Forderungen	8	70		
Bilanzsumme		100	**Bilanzsumme**	100

G & V für (Jahr)		
Aufwendungen		**Erträge**
Materialeinsatz	100	Fakturenerlöse 210
Personalkosten	40	– Bestandsverringerungen
Fremdkapitalzinsen	2	Halb- und Fertigware 10
Verkaufsprovisionen	10	
Kundenskonto	4	= (Betriebsleistung) 200
Hilfs- und Betriebsstoffe	1	
Energie	5	
Instandhaltung Maschinen	3	
Werkzeugverbrauch	2	
sonstiger Aufwand	7	
Abschreibungen	10	
Dotierung Pensionsrückstellung	1	
Gewinn (vor ESt.)	15	
Gesamt	200	**Gesamt** 200

Schuldtilgungsdauer in Jahren:

$$\text{Formel:} \quad \frac{\text{Fremdkapital} - \text{flüssige Mittel}}{\text{Cash-flow}} = \frac{58}{26} = 2{,}2 \text{ Jahre}$$

Was ist sie?

Die *Schuldtilgungsdauer* ist eine *sehr aussagefähige Kennzahl. Weltweit* ist sie *in fast allen Bonitätsmodellen integriert.* Sie sagt aus, nach wievielen Jahren das Unternehmen aus eigener Kraft imstande wäre, seine Schulden zu bezahlen. Anders ausgedrückt: die Schuldtilgungsdauer *zeigt auf,* wie stark das *Unternehmen* von seinen *Kreditgebern abhängig* ist. Eine *hohe Schuldtilgungsdauer* deutet auf *hohe Abhängigkeit,* eine *niedrige* auf *geringe Abhängigkeit* hin.

Wie hoch soll sie sein?

Bei *gut geführten Unternehmen* ist die Schuldtilgungsdauer *kleiner als 5 Jahre,* bei *sehr gut geführten* sogar *kleiner als 3 Jahre.*
   Ist die Schuldtilgungsdauer *größer als 12 Jahre, dann* ist
– eine *Verstärkung der Eigenkapitalbasis* (durch Einlagen bzw. weniger Entnahmen)
– und/oder eine *Verbesserung der Ertragslage* anzustreben.
   Zur Beantwortung der häufig gestellten Frage »*Hat das Unternehmen zu hohe Schulden?*« kann die Schuldtilgungsdauer ebenfalls herangezogen werden. Ist sie *kleiner als 5 Jahre,* kann man grundsätzlich sagen, daß man *relativ* (gemessen an dem jährlich erwirtschafteten Cash-flow) *nicht zu hohe Schulden* hat.

Wie hoch ist sie in Vergleichsbetrieben? Wie nennt man sie noch?

Analyse-bereich	Un-ter-grup-pe	Kennzahl	synonyme Bezeich-nungen	gute Durchschnittswerte			
				Indu-strie (Erzeu-gung)	Ge-werbe (Hand-werk)	Groß-han-del	Ein-zel-han-del
Finan-zielle Stabilität	Liqui-dität	Schuld-tilgungs-dauer in Jahren	Fiktive Fremd-kapitalrück-zahlung in Jahren Dynamischer Verschul-dungsgrad	4 Jahre	5 Jahre	6 Jahre	8 Jahre

2.4 Analysebereich 3: Rentabilitätskennzahlen

Kennzahlen des Analysebereiches Rentabilität

- Eigenkapitalrentabilität
- Gesamtkapitalrentabilität *)
- Return on investment (ROI)
- Return on stock investment (ROSTI)

2.4.1 Eigenkapitalrentabilität, Gesamtkapitalrentabilität

Aktiva	Bilanz zum (Datum)		Passiva		
– Anlagevermögen			**– Eigenkapital**		**40[1]**
– Grund	3				
– Gebäude	15		**– Fremdkapital, langfristig**		
– sonst. Sachanlagevermögen	10		– Hypothekarkredit	10	
– Finanzanlagevermögen	2	30	– Pensionsrückstellung	10	20
		—			—
– Umlaufvermögen			**– Fremdkapital, kurzfristig**		
– liquide Mittel	2		– Lieferantenverbindlichkeiten	25	
– Kundenforderungen	20		– Kontokorrentkredit	10	
– Vorräte	40		– sonstige Verbindlichkeiten	5	40
– sonstige Forderungen	8	70			
		—		—	—
		—			
Bilanzsumme		100	**Bilanzsumme**		**100[2]**

Aufwendungen	G & V für (Jahr)		Erträge	
Materialeinsatz	100		Fakturenerlöse	210
Personalkosten	40		– Bestandsverringerungen	
Fremdkapitalzinsen	2[2]		Halb- und Fertigware	10
Verkaufsprovisionen	10			—
Kundenskonto	4		= (Betriebsleistung)	200
Hilfs- und Betriebsstoffe	1			
Energie	5			
Instandhaltung Maschinen	3			
Werkzeugverbrauch	2			
sonstiger Aufwand	7			
Abschreibungen	10			
Dotierung Pensionsrückstellung	1			
Gewinn (vor ESt.)	**15[1][2]**			
	—			—
Gesamt	**200**		**Gesamt**	**200**

*) Die Gesamtkapitalrentabilität ist *besonders aussagefähig* und *nicht störanfällig*; sie ist daher eine der vier *Quicktest-Kennzahlen*.

1) Eigenkapitalrentabilität:

Formel: $\dfrac{\text{Betriebsergebnis} \times 100}{\text{Eigenkapital}} = \dfrac{1\,500}{40} = 37{,}5\%$

2) Gesamtkapitalrentabilität:

Formel: $\dfrac{(\text{Betriebsergebnis} + \text{Zinsenaufwand}) \times 100}{\text{Bilanzsumme}} = \dfrac{1\,700}{100} = 17\%$

Bemerkungen zur Eigenkapitalrentabilität

Diese Kennzahl zeigt die *Verzinsung des Eigenkapitals* auf. Die Höhe der Eigenkapitalrentabilität *hängt stark vom Verhältnis der Gesamtkapitalrentabilität zum Fremdkapital-Zinssatz ab.*
    Ein Ansteigen der Kennzahl kann bedeuten:
– Sinken der Fremdkapitalverzinsung
– Verbesserung des Betriebsergebnisses
– geringere Eigenkapitalquote
– Kombination aus zwei oder drei Faktoren
    Umgekehrt kann ein Sinken der Eigenkapitalrentabilität bedeuten:
– Anstieg der Fremdkapitalverzinsung
– Verschlechterung des Betriebsergebnisses
– höhere Eigenkapitalquote
– Kombination aus zwei oder drei Faktoren

Bemerkungen zur Gesamtkapitalrentabilität

Die Gesamtkapitalrentabilität *spiegelt wider, mit welcher Effizienz das im Unternehmen eingesetzte Gesamtkapital* (= Eigenkapital und Fremdkapital) – *unabhängig von seiner Finanzierung – arbeitet. Je höher* der Prozentsatz, *desto günstiger.*
    Das *Verhältnis* von *Eigenkapitalrendite* zu *Gesamtkapitalrendite* wird als *Leverage-Faktor* bezeichnet. Der *Leverage-Effekt* besagt, *daß zwischen Eigenkapital- und Gesamtkapitalrentabilität* eine *Hebelwirkung* besteht. *Solange* der *Fremdkapitalzinssatz niedriger* ist *als* die *Gesamtkapitalrentabilität, steigt* die *Eigenkapitalrentabilität* bei Zuführung von Fremdkapital (positiver Leverage-Effekt). Ist hingegen die *Gesamtkapitalrentabilität niedriger als* der *Fremdkapital-Zinssatz,* dann *sinkt* die *Eigenkapitalrendite* mit zunehmender Verschuldung (negativer Leverage-Effekt).

Wie hoch sind sie in Vergleichsbetrieben?

Analyse-bereich	Un-ter-grup-pe	Kennzahl	gute Durchschnittswerte			
			Indu-strie (Erzeu-gung)	Ge-werbe (Hand-werk)	Groß-han-del	Ein-zel-han-del
Ertragslage	Renta-bilität	Eigenkapital-rentabilität in %	36%	*)	39%	*)
		Gesamtkapital-rentabilität in %	9%	10%	9%	10%

*) Kein Durchschnittswert möglich, weil Streuung innerhalb der Gruppe zu groß bzw. kein repräsentativer Wert bekannt ist.

Fallbeispiel zum Leverage-Effekt

An der Ist-Bilanz und G & V des Industriebetriebes soll nun der *positive* und *negative* Leverage-Effekt demonstriert werden.
Zunächst wird der Ist-Zustand dargestellt.

Ist-Zustand
(Gesamtkapitalrentabilität = 17%, Ø Fremdkapitalzinsen = 3,3%)

Bilanzsumme	100	Fremdkapital	60	Eigenkapital	40
Gesamtertrag*)	17	Fremdkapitalzinsen	2	Gewinn	15
Gesamtkapitalrentabilität	17%	Zinssatz	3,33%	Eigenkapitalrent.	37,5%

*) = Fremdkapitalzinsen + Gewinn.

Der Leverage-Effekt läßt sich bei Anwendung umseitiger Formel laut Wöhe/Bilstein[1] wie folgt erklären: »Die Eigenkapitalrentabilität setzt sich zusammen aus der Gesamt-kapitalrentabilität und der auf das Eigenkapital bezogenen Differenz zwischen dem auf das Fremdkapital entfallenden Anteil der Gesamtkapitalrentabilität und den tat-sächlich für das Fremdkapital zu zahlenden Zinsen.«

[1] Wöhle/Bilstein, 4. Auflage 1986, Seite 314.

Allgemeine Formel:

Eigenkapitalrentabilität = Gesamtkapitalrentabilität +

$$+ \frac{(\text{Gesamtkapitalrentabilität} \times \text{Fremdkapital}) - (\text{Fremdkapitalrentabilität} \times \text{Fremdkapital})}{\text{Eigenkapital}}$$

Setzt man in die Formel ein, dann ergibt sich beim Ist-Zustand die bereits bekannte Eigenkapitalrendite von 37,5%.

$$\text{Eigenkapitalrentabilität} = 17 + \frac{(17 \times 60) - (3,33 \times 60)}{40} = 17 + \frac{1\,020 - 200}{40} = 37,5$$

Anschließend wird der *positive Leverage-Effekt* demonstriert. Die *Eigenkapitalrendite steigt* von 37,5% auf 49%.

Erhöhung des Fremdkapitalanteiles
(bei unverändert günstigem Durchschnitts-Zinssatz)

Bilanzsumme	100	Fremdkapital	70	Eigenkapital	30
Gesamtertrag*)	17	Fremdkapitalzinsen	2,3	Gewinn	14,7
Gesamtkapitalrentabilität	17%	Zinssatz	3,33%	Eigenkapitalrent.	49%
*) = Fremdkapitalzinsen + Gewinn.					

Abschließend noch ein *negativer Leverage-Effekt*: die *Eigenkapitalrendite sinkt* von 37,5% auf 3,33%.

Erhöhung des Fremdkapitalanteiles
(Rückgang der Gesamtkapitalrentabilität auf 8%, Anstieg des Ø Zinssatzes auf 10%)

Bilanzsumme	100	Fremdkapital	70	Eigenkapital	30
Gesamtertrag*)	8	Fremdkapitalzinsen	7	Gewinn	1
Gesamtkapitalrentabilität	8%	Zinssatz	10%	Eigenkapitalrent.	3,33%
*) = Fremdkapitalzinsen + Gewinn.					

2.4.2 Rentabilitätskennzahl Return on Investment (ROI)

Bilanz zum (Datum)			
Aktiva		**Passiva**	

Aktiva			Passiva		
– Anlagevermögen			– Eigenkapital		40
– Grund	3		– Fremdkapital, langfristig		
– Gebäude	15		– Hypothekarkredit	10	
– sonst. Sachanlagevermögen	10		– Pensionsrückstellung	10	20
– Finanzanlagevermögen	2	30			
		—			—
– Umlaufvermögen			– Fremdkapital, kurzfristig		
– liquide Mittel	2		– Lieferantenverbindlichkeiten	25	
– Kundenforderungen	20		– Kontokorrentkredit	10	
– Vorräte	40		– sonstige Verbindlichkeiten	5	40
– sonstige Forderungen	8	70			
		— —			— —
Bilanzsumme		**100**	**Bilanzsumme**		**100**

G & V für (Jahr)	
Aufwendungen	**Erträge**

Aufwendungen		Erträge	
Materialeinsatz	100	Fakturenerlöse	210
Personalkosten	40	– Bestandsverringerungen	
Fremdkapitalzinsen	2	Halb- und Fertigware	10
Verkaufsprovisionen	10		—
Kundenskonto	4	= (Betriebsleistung)	200
Hilfs- und Betriebsstoffe	1		
Energie	5		
Instandhaltung Maschinen	3		
Werkzeugverbrauch	2		
sonstiger Aufwand	7		
Abschreibungen	10		
Dotierung Pensionsrückstellung	1		
Gewinn (vor ESt.)	15		
	—		—
Gesamt	**200**	**Gesamt**	**200**

Return on Investment: Formel: Umsatzrendite × Kapitalumschlag =

$$\frac{\text{Betriebsergebnis} \times 100}{\text{Betriebsleistung}} \times \frac{\text{Betriebsleistung}}{\text{Bilanzsumme}} = \frac{1\,500}{100} = 15\%$$

Was ist er? Wie wird er ermittelt?

Der *return on investment* ist eine wichtige Kennzahl, die *aufzeigt, ob zwischen Umsatz, Umsatzrendite* (Gewinn in % vom Umsatz) und *bereitgestelltem Kapital* (Bilanzsumme) ein *gesundes Verhältnis* besteht.

◆   ROI = *Umsatzrendite* x *Kapitalumschlag*

Wie hoch soll er sein?

Banken erwarten – je nach Betriebsgröße – eine *Umsatzrendite zwischen 2% und 6%*. Bei kleineren Unternehmen wird in der Regel die Umsatzrendite höher sein als bei größeren. Ausnahmen bestätigen diese Regel.

   Wenn der Kapitalumschlag bei Produktionsbetrieben kleiner als 1,5 ist, dann ist *unbedingt* zu *prüfen, ob bereitgestelltes Vermögen abgebaut* werden kann. *Kontrollkennzahlen* sind:
– *Anlagenintensität* (siehe Seite 22)
– *Debitorenziel in Tagen* (siehe Seite 29)
– *Lagerdauer in Tagen* (siehe Seite 29)

Wie hoch sind der ROI und seine beiden Grundkomponenten bei Vergleichsbetrieben? Wie nennt man sie noch?

Analyse-bereich	Un-ter-grup-pe	Kennzahl	synonyme Bezeich-nungen	gute Durchschnittswerte			
				Indu-strie (Erzeugung)	Ge-werbe (Hand-werk)	Groß-han-del	Ein-zel-han-del
Ertragslage	Renta-bilität	Umsatzren-dite in %	Umsatz-gewinnrate	4,5%	2%	5%	3%
		Kapital-umschlag		1,6 x	2,9 x	2 x	2 x
		Return on investment in %	ROI	7,2%	5,8%	10%	6%

Graphische Darstellung des ROI (ROI-Pyramide)

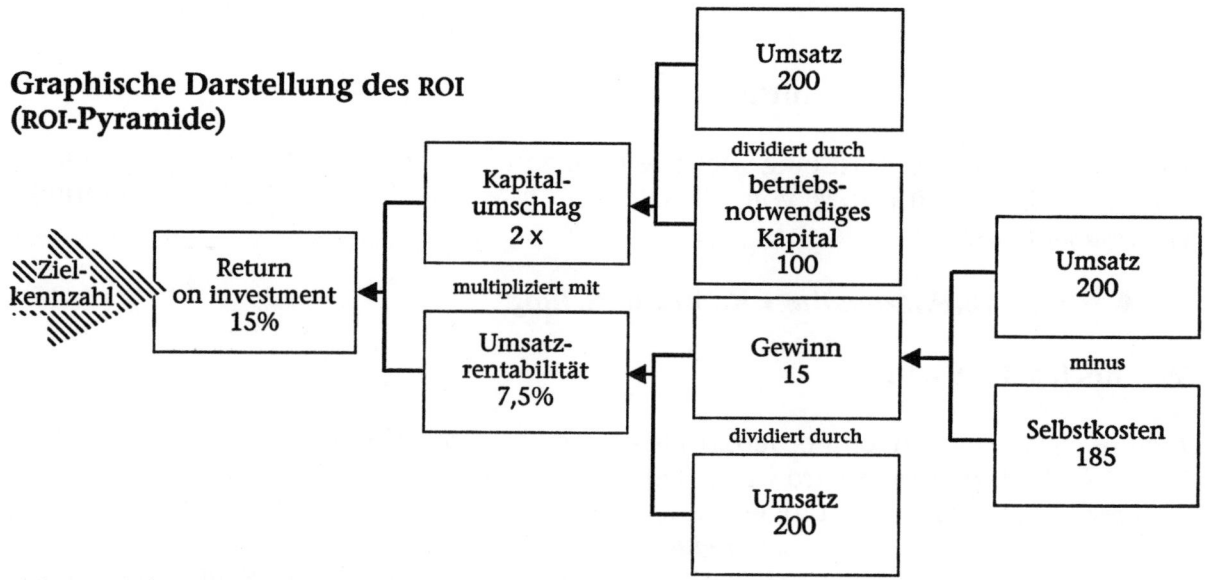

Welche Kombinationen zwischen Umsatzrendite und Kapitalumschlag geben 15% ROI?

Beim ROI führen *viele Kombinationen* zum *gleichen (= iso) Ergebnis*, z. B.:

	Umsatzrendite x Kapitalumschlag =		ROI
Ist-Zustand	7,5%	2	15%
oder	5%	3	15%
oder	3%	5	15%
oder	10%	1,5	15%

Graphisch sieht diese *Iso-Renditenkurve* dann so aus:

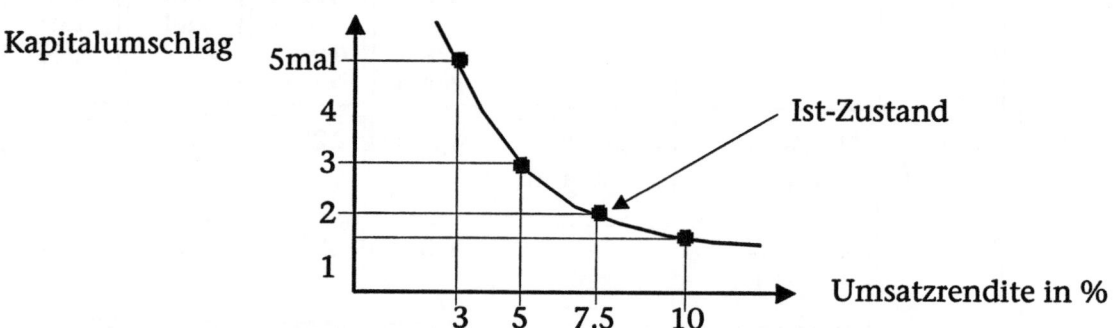

Jede Kombination rechts von der Isorenditenkurve bringt einen ROI, der größer 15% ist. Jede Kombination, die genau auf der Isorenditenkurve liegt, weist einen ROI von exakt 15% auf. Bei Kombinationen links der Isorenditenkurve wird ein ROI von weniger als 15% erzielt.

2.4.3 Return On Stock Investment (oder Kurzbezeichnung ROSTI)

Bilanz zum (Datum)			
Aktiva		**Passiva**	

Aktiva				Passiva			
– **Anlagevermögen**				– **Eigenkapital**			40
– Grund	3			– **Fremdkapital, langfristig**			
– Gebäude	15			– Hypothekarkredit		10	
– sonst. Sachanlagevermögen	10			– Pensionsrückstellung		10	20
– Finanzanlagevermögen	2	30					
		—		– **Fremdkapital, kurzfristig**			
– **Umlaufvermögen**				– Lieferantenverbindlichkeiten		25	
– liquide Mittel	2			– Kontokorrentkredit		10	
– Kundenforderungen	20			– sonstige Verbindlichkeiten		5	40
– Vorräte	40					—	—
– sonstige Forderungen	8	70					
		—					
Bilanzsumme		100		**Bilanzsumme**			100

G & V für (Jahr)			
Aufwendungen		**Erträge**	

Aufwendungen		Erträge	
Wareneinsatz	140	Fakturenerlöse	200
Personalkosten	30		
Fremdkapitalzinsen	2		
sonstiger Aufwand	7		
Abschreibungen	5		
Dotierung Pensionsrückstellung	1		
Gewinn (vor ESt.)	15		
Gesamt	200	**Gesamt**	200

Praktisches Beispiel:

Artikel-gruppe	Betriebs-leistung	Waren-einsatz	Rohge-winn bzw. Spanne	Aufschlag in % vom Warenein-satz	ø Bestand	Lager-umschlag	ROSTI
A	134	100	34	34%	20	5 x	170
B	48	30	18	60%	10	3 x	180
C	18	10	8	80%	10	1 x	80
Gesamt	200	140	60	//////	40	//////	//////
ø	//////	//////	//////	42,9%	//////	3,5 x	150

Rohgewinn   [+] [–] [=]

Lagerumschlag   [+]   [:] [=]

ROSTI (Return On Stock Investment)   [+]   [x] [=]

Was sagt der ROSTI aus? Wie wird der ROSTI errechnet? Wie wird der ROSTI interpretiert?

Der ROSTI drückt die *Rentabilität* des *Lagerbestandes* (stock) aus.
Der ROSTI wird durch folgende Formel ermittelt:

♦   *ROSTI = Spanne in % vom WES x Umschlagshäufigkeit des Lagers*

Der ROSTI sagt aus, wieviel Groschen (Pfennige, Rappen) Spanne pro Schilling (DM, sfr) durchschnittlichem Lagerwert in einem Jahr erwirtschaftet wurden.

Für welche Branchen ist das Arbeiten mit dem ROSTI empfehlenswert?

Zweckmäßig ist das Arbeiten mit dem *ROSTI nur in Einzelhandels- und Großhandelsbetrieben*. Bei Dienstleistungs- und Produktionsbetrieben ist die »ROSTI-Philosophie« nicht sinnvoll anwendbar.
Praktisches Beispiel (siehe oben auf dieser Seite).

Für die Darstellung des ROSTI muß der Produktionsbetrieb in einen Großhandelsbetrieb verwandelt werden.
Die Werte der Bilanz bleiben unverändert. In der G & V sind folgende Adaptierungen vorgenommen worden:

	Produktion	Änderung	Handel
Materialeinsatz – Wareneinsatz	100	+ 40	140
Personalkosten	40	– 10	30
Fremdkapitalzinsen	2	–	2
Verkaufsprovisionen	10	– 10	–
Kundenskonto	4	– 4	–
Hilfs- und Betriebsstoffe	1	– 1	–
Energie	5	– 5	–
Instandhaltung Maschinen	3	– 3	–
Werkzeugverbrauch	2	– 2	–
sonstiger Aufwand	7	–	7
Abschreibungen	10	– 5	5
Dotierung Pensionsrückstellung	1	–	1
Gewinn (vor ESt.)	15	–	15
Gesamt	200	–	200

Die 50%ige Materialintensität wurde in eine 70%ige Warenintensität umgewandelt. Die Personalintensität hat sich von 20% auf 15% verringert, weil Großhandelsbetriebe niedrigere Personalkosten als Industriebetriebe haben.

Sechs Aufwandspositionen wurden eliminiert, die Abschreibungen halbiert.

Der Gewinn vor Ertragsteuern ist mit GE 15 unverändert geblieben. Ebenfalls unverändert ist die Betriebsleistung (hier: ausschließlich Fakturenerlöse) mit GE 200.

Die ROSTI-Ermittlung erfolgte für jede der drei Artikelgruppen des Großhandelsbetriebes. Die Zahlen in der Zeile »Gesamt« können aus der Bilanz bzw. der G & V hergeleitet werden.

Interpretationen

1. Durchschnittlich wird je GE Lagerbestand ein Rohgewinn von GE 1,5 erzielt (ROSTI 150).
2. Das günstigste Verhältnis zwischen Lagerumschlag und Aufschlag in % vom Wareneinsatz ist bei der Artikelgruppe B festzustellen (ROSTI 180), das ungünstigste bei der Artikelgruppe C (ROSTI 80).
3. Bei der Artikelgruppe C sollte der Lagerumschlag und/oder Aufschlag in % vom Wareneinsatz erhöht werden, um den niedrigen ROSTI anzuheben.
   Als Instrument für die Erhöhung des Lagerumschlages bietet sich eine *Lageranalyse* auf *statistischer Basis* an. Bei dieser *Lageranalyse* werden die durchschnittliche Wiederbeschaffungszeit ebenso wie die Schwankung der Nachfrage und der gewünschte Servicegrad berücksichtigt.

2.5 Analysebereich 4: Erfolgskennzahlen

Kennzahlen des Analysebereiches Erfolg

– Material- bzw. Warenintensität
– Personalintensität
– Fremdkapitalzinsen in % der BL
– Abschreibung in % der BL

– ┃ Cash-flow in % der BL ┃ *)

– Deckungsbeitragsrate (DBU)
– Break even point
– Cash-flow point
– Zielumsatz

2.5.1 Materialintensität, Warenintensität, Personalintensität

Aufwendungen	G & V für (Jahr)		Erträge
Materialeinsatz	100 [1]	Fakturenerlöse	210
Personalkosten	40 [2]	– Bestandsverringerungen	
Fremdkapitalzinsen	2	Halb- und Fertigware	10
Verkaufsprovisionen	10		
Kundenskonto	4	= (Betriebsleistung)	200 [1][2]
Hilfs- und Betriebsstoffe	1		
Energie	5		
Instandhaltung Maschinen	3		
Werkzeugverbrauch	2		
sonstiger Aufwand	7		
Abschreibungen	10		
Dotierung Pensionsrückstellung	1		
Gewinn (vor ESt.)	15		
Gesamt	200	Gesamt	200

[1] Material- bzw. Warenintensität:

$$\text{Formel:} \quad \frac{(\text{Materialeinsatz/Wareneinsatz}) \times 100}{\text{Betriebsleistung}} = \frac{10\,000}{200} = 50\%$$

[2] Personalintensität:

$$\text{Formel:} \quad \frac{\text{Personalkosten} \times 100}{\text{Betriebsleistung}} = \frac{4\,000}{200} = 20\%$$

*) Die Kennzahl Cash-flow in % der BL ist *besonders aussagefähig* und *nicht störanfällig*; sie ist daher eine der vier *Quicktest-Kennzahlen.*

Allgemeine Bemerkungen zur Material- bzw. Warenintensität

Bei der Material- bzw. Warenintensität handelt es sich um die Materialkosten bzw. Warenkosten in % zur Betriebsleistung.

Die Entwicklung der *Material- bzw. Warenintensität* ist *unbedingt* über eine Zeitspanne von mehreren Jahren zu prüfen! *Abweichungen ab ± 2-%-Punkten müssen auf Plausibilität geprüft werden.* Eventuell wurden unterschiedliche Bewertungsansätze bei den einzelnen Inventuren vorgenommen. *Besonders »verdächtig« sind permanent fallende Material- bzw. Warenintensitäten.*

Beispiel:

Die folgende Tabelle zeigt bei einer kleinen Maschinenfabrik die Entwicklung der Betriebsleistung, des Materialaufwandes und des Gewinnes in einer Zeitspanne von 5 Jahren auf. *Alles scheint in Ordnung zu sein.*

	19X5	19X6	19X7	19X8	19X9
Betriebsleistung in 1 000 GE	1 000	1 100	1 050	1 120	1 150
Materialaufwand laut G & V in 1 000 GE	500	528	483	493	472
Materialaufwand in % der Betriebsleistung	50!	48	46	44	41!
Gewinn in 1 000 GE	48	52	52	55	57

Aufklärungsbedürftiger Verlauf der Materialintensität

Umsatz, Gewinn und Umsatzrentabilität steigen. Doch der Schein trügt bzw. kann trügen.

♦ *Achtung:*
 Eine drastische Reduktion des Materialaufwandes in % der Betriebsleistung (Materialintensität) sollte den Analytiker immer in höchste Alarmstufe versetzen. Die steigenden Gewinne sind mit äußerster Vorsicht zu betrachten.

Warum?
Normalerweise hätte der Materialeinsatz wie folgt verlaufen müssen.

	19X5	19X6	19X7	19X8	19X9
Betriebsleistung in 1000 GE	1000	1100	1050	1120	1150
Materialaufwand laut G&V in 1000 GE	500	539	504	560	552
Materialaufwand in % der Betriebsleistung	50	49	48	50	48
Gewinn in 1000 GE	48	41	31		
Verlust in 1000 GE				12	23

Normaler Verlauf der Materialintensität

Bei einem Normalverlauf der Materialintensität (Schwankungsbreite ± 2-%-Punkte) mußten in den letzten beiden Jahren bereits Verluste in Kauf genommen werden, daher bei stark sinkender Material- bzw. Warenintensität *sofort nach Ursachen suchen!* Was kann der Grund sein, daß die Materialintensität von 50% innerhalb von 5 Jahren um 9% auf 41% sinkt.

Plausible Gründe sind z. B.:
– *wesentliche Änderungen des Produktionsprogrammes bzw. des Sales-Mix*, etwa mit dem Ziel, deckungsbeitragsstarke Produkte bzw. Warengruppen zu forcieren. Meist gilt der Grundsatz: je höher der Stückdeckungsbeitrag, desto niedriger die Material- bzw. Warenkosten
– *erfolgreich durchgeführte Wertanalysen*
– *günstigere Einkaufsquellen, ohne* den *Einkaufsvorteil an* die *Kunden weitergeben* zu müssen
– *neue Produktionsverfahren* (nach erfolgreicher Investition), *ohne den Rationalisierungsnutzen* (etwa bedingt durch starken Konkurrenzdruck) *an den Kunden* voll *weitergeben* zu müssen
– *Teile der Produkte*, die man *bisher fremd zugekauft* hat, werden *nun selbst erzeugt*

In sehr vielen Fällen müssen alle plausiblen Begründungen verneint werden. Die stark fallende Materialintensität ist dann einzig und allein auf Bewertungsfehler bei der körperlichen Bestandsaufnahme (Inventur) zurückzuführen. So manches Unternehmen könnte noch am Leben sein, wenn die Geschäftsführung permanent der Entwicklung der Waren- bzw. Materialintensität im Zeitverlauf mehr Beachtung geschenkt hätte.

◆ *Merke:*
Permanent sinkende Waren- bzw. Materialintensitäten, für die es keine
plausiblen Gründe gibt (siehe Aufzählung der Gründe auf der Vorseite),
sind meist ein erster Indikator für sich anbahnende größere Probleme in
der Ertragslage (Frühwarnindikator)!

Bemerkungen zur Personalintensität

Die *Personalintensität* ist ebenfalls *im Zeitverlauf* zu *beobachten*. Die Personalkosten
sind bei den meisten Unternehmen nach den Material- bzw. Warenkosten die *größte*
Kostenart, die obendrein *relativ rasch beeinflußbar* (abbaufähig) ist.

Konsolidierte Beobachtung von Material- und Personalintensität bzw. von Waren- und Personalintensität

Für Materialintensität, Warenintensität und Personalintensität gibt es in diesem Buch
keine Vergleichswerte, weil diese praktisch in jeder Branche unterschiedlich hoch
sind und selbst in der gleichen Branche noch beachtlich schwanken können.

Warum?

Jeder Betrieb hat seine Eigenheiten, die ihn auch gegenüber Konkurrenzbetrieben
nicht immer voll vergleichbar machen.

Beispiele:

Eine Bauunternehmung kann entweder Steine oder Fahrbeton zukaufen oder diese
Produkte selbst erzeugen. Kauft sie zu, hat sie höhere Materialkosten und geringere
Personalkosten, erzeugt sie, dann ist es gerade umgekehrt.
   Ein Einzelhandelsgeschäft in einer vornehmen Gegend hat einen höheren Rohgewinn und damit eine geringere Warenintensität als ein gleichartiges Geschäft am
Stadtrand oder in der Provinz. Dafür werden die Personalkosten im City-Geschäft
höher sein als im Provinzgeschäft.
   Die Beispiele ließen sich beliebig lang fortsetzen. Die Erkenntnisse daraus sind:
1. Vergleiche zuerst Material- bzw. Warenintensität und Personalintensität einzeln.
2. Sollte im Branchenvergleich die Materialintensität um einige Prozentpunkte
   höher sein und dafür die Personalintensität um einige Prozentpunkte niedriger,
   dann zähle Material- und Personalintensität zusammen und vergleiche erst dann.
   Ergibt sich jetzt noch immer eine größere Abweichung, dann muß analysiert und
   reagiert werden.

2.5.2 Fremdkapitalzinsen in % der Betriebsleistung

G & V für (Jahr)			
Aufwendungen		**Erträge**	
Materialeinsatz	100	Fakturenerlöse	210
Personalkosten	40	– Bestandsverringerungen	
Fremdkapitalzinsen	2	Halb- und Fertigware	10
Verkaufsprovisionen	10		
Kundenskonto	4	= (Betriebsleistung)	200
Hilfs- und Betriebsstoffe	1		
Energie	5		
Instandhaltung Maschinen	3		
Werkzeugverbrauch	2		
sonstiger Aufwand	7		
Abschreibungen	10		
Dotierung Pensionsrückstellung	1		
Gewinn (vor ESt.)	15		
Gesamt	200	**Gesamt**	200

Fremdkapitalzinsen in % der Betriebsleistung:

$$\text{Formel:} \quad \frac{\text{Fremdkapitalzinsen} \times 100}{\text{Betriebsleistung}} = \frac{200}{200} = 1\%$$

Allgemeine Bemerkungen

Sind die *Fremdkapitalzinsen in % der Betriebsleistung wesentlich höher als* die *Durchschnittswerte* von Vergleichsbetrieben, *dann* sind *Kredithöhe und Konditionen zu prüfen.* Mit Hilfe der Kennzahlen Schuldtilgungsdauer und Eigenkapitalquote kann eindeutig festgestellt werden, ob die Kredite zu hoch oder die Konditionen zu schlecht sind oder beides verbesserungswürdig ist.

Wie hoch sind sie bei Vergleichsbetrieben?

Analyse- bereich	Un- ter- grup- pe	Kennzahl	gute Durchschnittswerte			
			Indu- strie (Erzeu- gung)	Ge- werbe (Hand- werk)	Groß- han- del	Ein- zel- han- del
Ertragslage	Erfolg	Fremdkapitalzinsen in % der Betriebsleistung	2,5%	2%	2%	3%

2.5.3 Abschreibungen in % der Betriebsleistung

G & V für (Jahr)			
Aufwendungen		**Erträge**	
Materialeinsatz	100	Fakturenerlöse	210
Personalkosten	40	– Bestandsverringerungen	
Fremdkapitalzinsen	2	Halb- und Fertigware	10
Verkaufsprovisionen	10		
Kundenskonto	4	= (Betriebsleistung)	200
Hilfs- und Betriebsstoffe	1		
Energie	5		
Instandhaltung Maschinen	3		
Werkzeugverbrauch	2		
sonstiger Aufwand	7		
Abschreibungen	10		
Dotierung Pensionsrückstellung	1		
Gewinn (vor ESt.)	15		
Gesamt	200	**Gesamt**	200

Abschreibung in % der Betriebsleistung:

$$\text{Formel:} \quad \frac{\text{Abschreibungen} \times 100}{\text{Betriebsleistung}} = \frac{1\,000}{200} = 5\%$$

Allgemeine Bemerkungen

Die Abschreibungen in % der Betriebsleistung sind in ihrer absoluten Höhe und in bezug auf die Entwicklung im Zeitverlauf zu kontrollieren.

Diese Kennzahl müßte bei *Einzelhandels- und Großhandelsbetrieben zwischen 1% und 2% liegen*, bei *Gewerbe- und Produktionsbetrieben 3% bis 4%. Sollten die Prozentsätze stark unterschritten* werden oder im Zeitverlauf stark rückgängig sein, dann besteht die *Gefahr*, daß das Unternehmen *investitionsmäßig ausgehungert* wird. Eine *andere Erklärung* für niedrige Abschreibungen könnte durch *verstärktes Leasing* gegeben sein. Leasing-Aufwendungen werden manchmal in den Positionen Mietaufwendungen oder sonstiger Aufwand versteckt.

♦ *Merke:*
Größere Leasing-Engagements sollten vor Durchführung der Kennzahlenanalyse offengelegt werden, weil man sonst den Verkürzungseffekt, den Leasing bei Nichtausweisung in der Bilanz nach sich zieht, nicht richtig abschätzen kann.

Zu hohe Abschreibungen können durch schlechte Auslastung, zu hohe Anlagenintensität oder durch Fehlinvestitionen verursacht werden. In diesem Fall ist zu prüfen, ob alle Anlagengüter betriebsnotwendig sind und ob etwaige nicht-betriebsnotwendigen Anlagen veräußert werden können.

Wie hoch sind sie bei Vergleichsbetrieben?

Analyse-bereich	Un-ter-grup-pe	Kennzahl	gute Durchschnittswerte			
			Indu-strie (Erzeu-gung)	Ge-werbe (Hand-werk)	Groß-han-del	Ein-zel-han-del
Ertragslage	Erfolg	Abschreibung in % der Betriebsleistung	3,5%	3%	1,3%	2%

2.5.4 Cash-flow in % der Betriebsleistung

G & V für (Jahr)		
Aufwendungen		**Erträge**

Aufwendungen		Erträge	
Materialeinsatz	100	Fakturenerlöse	210
Personalkosten	40	– Bestandsverringerungen	
Fremdkapitalzinsen	2	Halb- und Fertigware	10
Verkaufsprovisionen	10		
Kundenskonto	4	= (Betriebsleistung)	200
Hilfs- und Betriebsstoffe	1		
Energie	5		
Instandhaltung Maschinen	3		
Werkzeugverbrauch	2		
sonstiger Aufwand	7		
Abschreibungen	10		
Dotierung Pensionsrückstellung	1		
Gewinn (vor ESt.)	15		
Gesamt	200	**Gesamt**	200

Cash-flow in % der Betriebsleistung:

Formel:
$$\frac{(\text{Ergebnis} + \text{nichtausgabenwirksame Fixkosten}) \times 100}{\text{Betriebsleistung}} =$$

$$= \frac{2\,600}{200} = 13\%$$

Allgemeine Bemerkungen

Der Cash-flow in % der Betriebsleistung *drückt* die *finanzielle Leistungsfähigkeit* des Betriebes *aus*.

Mit dem Cash-flow können Investitionen getätigt, Warenlager aufgebaut, Schulden getilgt und Ausschüttungen vorgenommen werden.

Ermittlung des Cash-flow

Der Begriff »*Cash-flow*« kann vielfältig interpretiert werden. Die *einfachste Form für Kennzahlen* stellt sich so dar:

+ Bilanzgewinn (– Bilanzverlust)
+ Zuführung zu Rücklagen (Dotierung, Erhöhung)
– Auflösung von Rücklagen (Verminderungen)
+ Zuführung zu Rückstellungen, die langfristig zu keinen Ausgaben führen
– Auflösung von Rückstellungen, die langfristig zu keinen Einnahmen führen
+ Abschreibungen

= *Cash-flow für Kennzahlen*

♦ *Merke:*
Obiger Cash-flow für Kennzahlen ist nur bei mäßig wachsenden Umsätzen ein wahrheitsgetreuer Maßstab. Bei starken Umsatzanstiegen, etwa in der Gründungsphase, geben diese Indikatoren die wirkliche Zahlungsfähigkeit zu hoch an. Umgekehrt ist bei starken Umsatzrückgängen mehr Geld in der Kasse, als man aufgrund obigen Cash-flows erwarten darf.

Wie hoch soll er sein?

Analyse-bereich	Un-ter-grup-pe	Kennzahl	gute Durchschnittswerte			
			Indu-strie (Erzeu-gung)	Ge-werbe (Hand-werk)	Groß-han-del	Ein-zel-han-del
Ertragslage	Erfolg	Cash-flow in % der Betriebsleistung	8%	5%	6%	5%

2.5.5 Deckungsbeitragsrate (DBU), Break even point (BEP), Cash-flow point (CFP), Zielumsatz (ZU)

G & V Kunststoffspritzerei				
Aufwendungen		**Erträge**		
Materialeinsatz	100	Fakturenerlöse		210
Personalkosten	40	– Bestandsverringerungen		
Fremdkapitalzinsen	2	Halb- und Fertigware		10
Verkaufsprovisionen	10			
Kundenskonto	4	= (Betriebsleistung)		200
Hilfs- und Betriebsstoffe	1			
Energie	5			
Instandhaltung Maschinen	3			
Werkzeugverbrauch	2			
sonstiger Aufwand	7			
Abschreibungen	10			
Dotierung Pensionsrückstellung	1			
Gewinn (vor ESt.)	15			
Gesamt	200	**Gesamt**		200

G & V Großhandelsbetrieb			
Aufwendungen		**Erträge**	
Wareneinsatz	140	Fakturenerlöse	200
Personalkosten	30		
Fremdkapitalzinsen	2		
sonstiger Aufwand	7		
Abschreibungen	5		
Dotierung Pensionsrückstellung	1		
Gewinn (vor ESt.)	15		
Gesamt	200	**Gesamt**	200

G & V Kunststoffspritzerei				
Aufwandsart	**r**	**Aufwendungen**		
		ge-samt	varia-bel	fix
Materialeinsatz	1	100	100	–
Personalkosten	0	40	–	40
Fremdkapitalzinsen	0	2	–	2
Verkaufsprovisionen	1	10	10	–
Kundenskonto	1	4	4	–
Hilfs- und Betriebsstoffe	1	1	1	–
Energie	0,2	5	1	4
Instandhaltung Maschinen	0,7	3	2	1
Werkzeugverbrauch	1	2	2	–
sonstiger Aufwand	0	7	–	7
Abschreibungen	0	10	–	10*)
Dotierung Pensionsrückstellung	0	1	–	1*)
Gesamt		185	120	65

G & V Großhandelsbetrieb				
Aufwandsart	**r**	**Aufwendungen**		
		ge-samt	varia-bel	fix
Wareneinsatz	1	140	140	–
Personalkosten	0	30	–	30
Fremdkapitalzinsen	0	2	–	2
sonstiger Aufwand	0	7	–	7
Abschreibungen	0	5	–	5*)
Dotierung Pensionsrückstellung	0	1	–	1*)
Gesamt		185	140	45

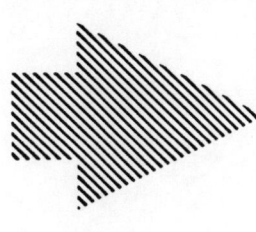

*) **nicht** ausgaben-wirksam

Was ist variabel, was ist fix?

Die vier dynamischen Kennzahlen DBU, BEP, CFP und ZU *können nur dann ermittelt* werden, wenn man die *Aufwendungen* der G & V in ihre *fixen* und *variablen Bestandteile untergliedert*. Die *fixen Bestandteile* werden anschließend noch in *ausgabenwirksame* und *nichtausgabenwirksame* geteilt.

Diese Vorbereitungsarbeiten mit den Zahlen der G & V sind sowohl für die Kunststoffspritzerei als auch für den Großhandelsbetrieb nachfolgend durchgeführt worden.

Das »r« steht für *Reagibilitätsgrad*. Unter Reagibilität versteht man das Verhalten der einzelnen Aufwands- bzw. Kostenarten bei Veränderung des Beschäftigungsgrades bzw. Umsatzes. Wenn $r = 1$, dann handelt es sich um *variable Kosten*, wenn $r = 0$, dann um *fixe*. Beträgt r z. B. *0,4*, dann handelt es sich um *teilvariable Kosten*, die sich bei einer *10%igen Steigerung der Beschäftigung um 4% erhöhen.*

Empfehlungen für Reagibilitätsgrade

Die folgende Tabelle enthält für die wichtigsten variablen und teilvariablen Aufwands- bzw. Kostenarten jene Reagibilitätsgrade, die in der Praxis häufig verwendet werden; es handelt sich um durchschnittliche Erfahrungswerte.

Aufwands- bzw. Kostenart	häufig anzutreffende Reagibilitätsgrade			
	Einzel-handel	Groß-handel	Dienstl. Gew.	Erzeug. Prod.
Materialeinsatz	–	–	1	1
Wareneinsatz	1	1	–	–
Verkaufsprovision	–	1	1	1
Werkzeugverbrauch	–	–	1	1
Hilfs- und Betriebsstoffe	–	–	1	1
Verpackungsmaterial	1	1	1	1
Personalkosten im Fertigungsbereich	–	–	1	0
Strom	0	0	0,1	0,2
Instandhaltung Maschinen	0	0	0,5	0,7
Kundenskonto	–	1	1	1

Alle übrigen Aufwands- bzw. Kostenarten sind *meistens fix*.

Stufenweise Deckungsbeitragsrechnung, Break-even-Analyse

Durch die *Aufspaltung* der *Aufwendungen* in ihre *variablen* und *fixen* Bestandteile und durch die *zusätzliche Trennung* der *fixen Aufwendungen* in *ausgabenwirksame* und *nicht-ausgabenwirksame* kann *in wenigen Minuten* eine *stufenweise Deckungsbeitragsrechnung* mit Break-even-Analyse durchgeführt werden.

Die stufenweise Deckungsbeitragsrechnung ist für den Produktionsbetrieb und das Großhandelsunternehmen separiert durchgeführt worden. Links der Produktions-betrieb, rechts die Großhandlung.

Die *Betriebsleistung* setzt man *immer* mit *100%* an. An ihr werden sämtliche Auf-wandsgruppen und Zwischensummen prozentual gemessen.

Der *Deckungsbeitrag 1* ergibt sich als *Unterschiedsbetrag* zwischen *Betriebsleistung* und *variablen Aufwendungen*.

Der DBU-*Faktor* steht in Klammer; er drückt den *Deckungsbeitrag in Prozent des Umsatzes* bzw. der Betriebsleistung aus. Hier beträgt der DBU 40% beim Produktions-betrieb und 30% im Großhandelsunternehmen.

Der *Deckungsbeitrag 2* ist ein »Cash-flow«, wenn man *unterstellt*, daß die gesamte *Betriebsleistung einnahmenwirksam* ist. Diese Unterstellung kann, muß aber nicht realistisch sein.

Der *Gewinn vor Ertragsteuern* ergibt sich schließlich, wenn man vom Deckungs-

Produktion		stufenweise Deckungs-beitragsrechnung	Großhandel	
GE	%		GE	%
200	100,0	Betriebsleistung	200	100,0
120	60,0	– variable Aufwendungen	140	70,0
80	[40,0]	= Deckungsbeitrag 1 [DBU]	60	[30,0]
54	27,0	– fixe Aufwendungen, die zu Ausgaben werden	39	19,5
26	13,0	= DB 2 [»Cash-flow«]	21	10,5
11	5,5	– nichtausgabenwirksame Aufwendungen	6	3,0
15	7,5	= Gewinn vor ESt.	15	7,5

Produktion		Break-even-Analyse	Großhandel	
GE	%		GE	%
135	67,5	Cash-flow point	130	65,0
162,5	81,3	Break even point	150	75,0
216,7	108,4	Zielumsatz, wenn Plan-Umsatzrendite 10% ←⎤ ⎿→ 5% sein soll	180	90,0

beitrag 2 die nichtausgabenwirksamen Aufwendungen (hier: Abschreibungen und Bildung Pensionsrückstellung) abzieht.

Der *Gewinn vor Ertragsteuern* ist mit *GE 15* bei *beiden Unternehmen gleich* hoch. Stellt man diesen Gewinn der Betriebsleistung gegenüber, dann erhält man die *Umsatz-rendite*, die im Fallbeispiel mit *7,5% ein absoluter Spitzenwert* ist.

Nach der Interpretation der stufenweisen Deckungsbeitragsrechnung noch einige Worte zur *Break-even-Analyse*. Es werden *drei Umsatzpunkte* errechnet, die aufzeigen, wie hoch der Umsatz sein müßte, um nur die ausgabenwirksamen Kosten *(Cash-flow point)* oder die Gesamtkosten inklusive nichtausgabenwirksamer Bestandteile *(Break even point)* oder die Gesamtkosten und einen Plangewinn *(Zielumsatz)* zu er-wirtschaften.

Um etwa im Großhandel eine Plan-Umsatzrendite von 5% zu erzielen, genügt ein Umsatz von GE 180 oder 90% vom Ist-Umsatz. Will man hingegen im Produktions-betrieb eine 10%ige Umsatzrendite erwirtschaften, dann müßte die Ist-Betriebs-leistung um 8,4% auf GE 216,7 erhöht werden.

Sowohl der Produktionsbetrieb als auch das Großhandelsunternehmen befinden sich tief in der Gewinnzone (18,7% bzw. 25%).

Der *Cash-flow point* ist eine Art *Untergrenze* für *kurzfristige Betrachtungen*. Ist die *Betriebsleistung niedriger als* der *Cash-flow point*, dann *fließt Geld aus dem Betrieb ab*, was durch Einlagen bzw. Kredite wieder aufgefüllt werden muß. Es wird hiebei unterstellt, daß sämtliche Vermögensbestandteile und das Fremdkapital unverändert bleiben; diese Unterstellung ist ein wenig praxisfremd. Der **Cash-flow point** kann *keinen Finanzplan ersetzen*, weil er *nur eine finanzwirtschaftliche Durchschnittsbetrachtung* darstellt. Er ermittelt sich wie folgt:

$$\text{Formel:} \quad \frac{\text{ausgabenwirksame Jahresfixkosten}}{\text{Deckungsbeitrag in \% v. U. (DBU)}} \times 100$$

$$\text{oder:} \quad \frac{\text{ausgabenwirksame Jahresfixkosten}}{\text{DBU} / 100}$$

Der **Break even point** ist der *Mindestumsatz*, also jener Umsatz, bei dem sämtliche Kosten voll abgedeckt sind; es wird jedoch *kein Gewinn* erwirtschaftet.

$$\text{Formel:} \quad \frac{\text{gesamte Jahresfixkosten}}{\text{DBU} / 100}$$

Langfristiges Ziel eines gesunden Unternehmens kann es nicht sein, lediglich den Break even point oder gar nur den Cash-flow point anzupeilen. Es gilt vielmehr, Gewinne zu erwirtschaften. Als **Zielumsatz** wird *jener Umsatz* (Betriebsleistung) verstanden, der einen *bestimmten Gewinn, ausgedrückt in einem Prozentsatz zum Umsatz* (Umsatzrendite), *inkludiert.*

$$\text{Formel:} \quad \frac{\text{gesamte Jahresfixkosten}}{(\text{DBU} / 100) - (\text{Umsatzrendite (UR)} / 100)}$$

2.5.6 Gewinnschwellendiagramm für Großhandelstestbetrieb

Die grafische Umsetzung der Break-even-Analyse zeigt das folgende Gewinn-schwellendiagramm:

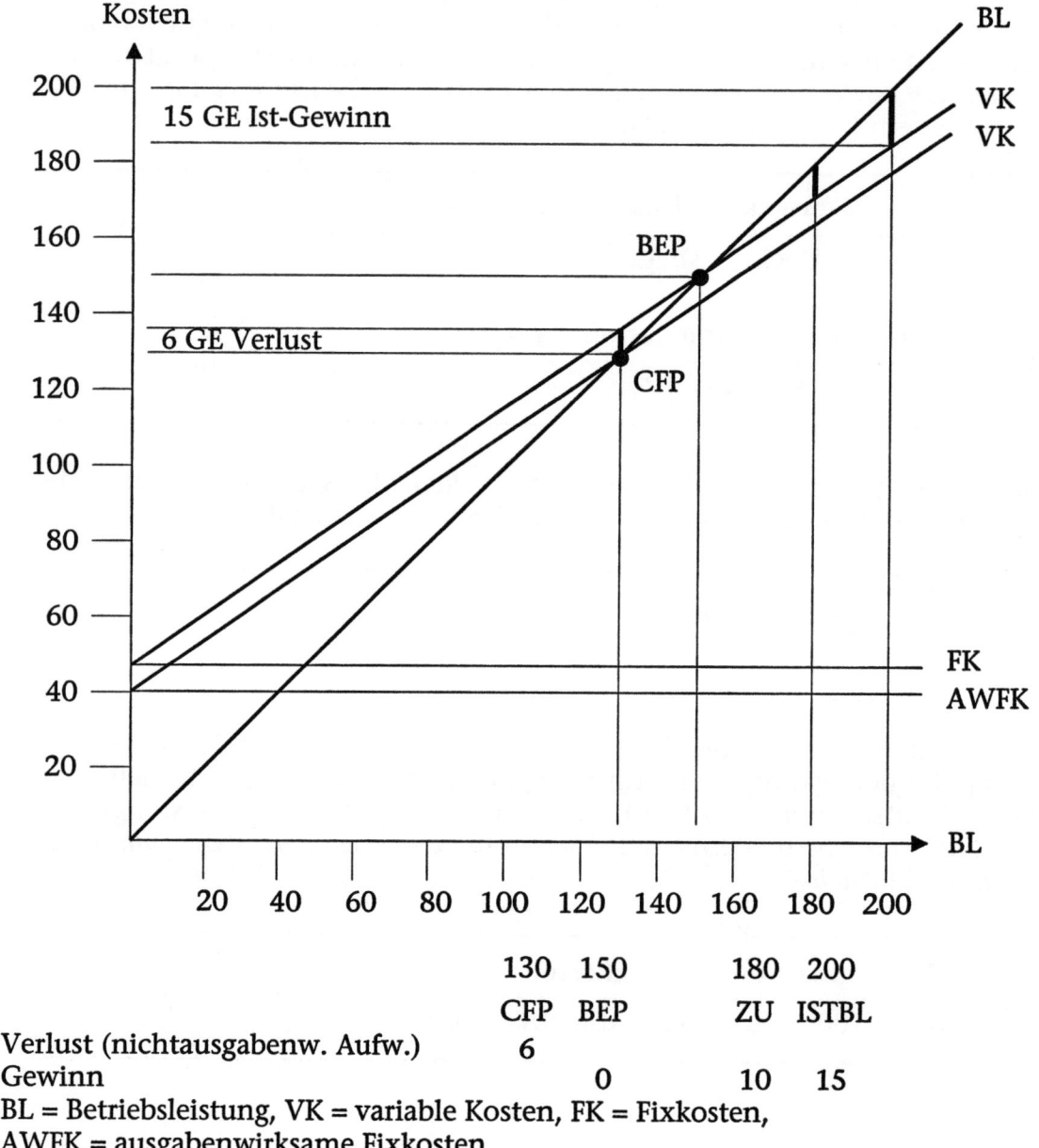

	130	150		180	200
	CFP	BEP		ZU	ISTBL
Verlust (nichtausgabenw. Aufw.)	6				
Gewinn		0		10	15

BL = Betriebsleistung, VK = variable Kosten, FK = Fixkosten,
AWFK = ausgabenwirksame Fixkosten

3.1 Zuallererst: Machen Sie den Quicktest!

Was ist der Quicktest?

Der Quicktest ist ein Schnelltest. Obwohl *nur vier Kennzahlen* herangezogen werden, ist die *Aussage* bereits *grundsätzlich richtig.* Würde man 20, 30 oder mehr Kennzahlen verwenden, ändert sich am Ergebnis kaum etwas. *Mehr Kennzahlen* haben allerdings den *Vorteil,* daß etwaige *Fehlerquellen* oder *Ursachen* für besonders *günstige Entwicklungen rascher erkannt* werden.

Welche Kennzahlen?

Die vier Quicktest-Kennzahlen sind bereits im Teil 2 ausführlich vorgestellt worden:

- *Eigenkapitalquote*
- *Schuldtilgungsdauer*
- *Gesamtkapitalrentabilität*
- *Cash-flow in % der Betriebsleistung*

Warum gerade diese Kennzahlen?

Wenn nur vier Kennzahlen verwendet werden, dürfen diese *nicht störanfällig* sein und müssen darüber hinaus das *gesamte Informationspotential* der Bilanz und G & V weitgehendst *ausschöpfen.* Die Ausschöpfung des Informationspotentials wird dadurch gewährleistet, daß aus jedem der vier Analysebereiche (Finanzierung, Liquidität, Rentabilität und Erfolg) eine Kennzahl ausgewählt wird. Die geringe Störanfälligkeit ist bei diesen Kennzahlen ebenfalls voll gegeben. Würde man 20 oder 30 Kennzahlen verwenden, dann spielt die Störanfälligkeit keine große Rolle mehr, weil dann ein »Hinterfragen« der Kennzahlen durch andere Kennzahlen möglich ist.

Was sagen die vier Quicktest-Kennzahlen eigentlich aus?

Diese wichtige Frage wird durch die folgende Tabelle beantwortet. Dort wird auch aufgezeigt, welche zwei Kennzahlen der »finanziellen Stabilität« und welche zwei der »Ertragslage« zuzuordnen sind.

Kennzahl	Formel	Aussage über die ...	
Eigenkapital- quote	$\dfrac{\text{Eigenkapital}}{\text{Gesamtkapital}} \times 100$	Kapital- kraft	absolut
Cash-flow in % der Be- triebsleistung	$\dfrac{\text{Cash-flow}}{\text{Betriebsleistung}} \times 100$	finanzielle Leistungs- fähigkeit	
Gesamtkapi- talrentabilität	$\dfrac{\text{Betriebs-ergebnis} + \text{Fremdkapital-zinsen}}{\text{Bilanzsumme}} \times 100$	Rendite	
Schuldtil- gungsdauer in Jahren	$\dfrac{\text{Fremd-kapital} - \text{flüssige Mittel}}{\text{Jahres-Cash-flow}} \times 100$	Verschul- dung	relativ

(seitlich: Ertragslage — finanzielle Stabilität)

Achtung:

Durch den Quicktest kann auch die häufig gestellte Frage *»Hat das untersuchte Unternehmen zu viele Schulden?«* eindeutig beantwortet werden.

- Die *Eigenkapitalquote* gibt Auskunft, ob man *absolut* (in Geldeinheiten oder in % der Bilanzsumme) zu viele Schulden hat oder nicht.

- Die *Schuldtilgungsdauer* informiert, ob das Unternehmen *relativ* (im Verhältnis zum Jahres-Cash-flow) zu viele Schulden hat oder ein gesundes Verhältnis ausweist.

Beurteilungsskala und Note

Für eine treffsichere Beurteilung empfiehlt sich die Verwendung der nachstehenden Beurteilungsskala. Die fünfteilige Notenskala ermöglicht es, für jede Kennzahl eine Note zwischen 1 (sehr gut) und 5 (insolvenzgefährdet) zu vergeben.

Die Gesamtnote erhält man durch Addition der vier Einzelnoten und Division der Gesamtsumme durch 4.

Zusätzlich sollte noch eine Durchschnittsnote für die *finanzielle Stabilität* und für die *Ertragslage* gebildet werden.

Kennzahl	Beurteilungsskala (Note)				
	sehr gut (1)	gut (2)	mittel (3)	schlecht (4)	in-solvenz-gefährdet (5)
Eigenkapitalquote	> 30%	> 20%	> 10%	< 10%	neg.
Cash-flow in % der Betriebsleistung	> 10%	> 8%	> 5%	< 5%	neg.
Gesamtkapitalrentabilität	> 15%	> 12%	> 8%	< 8%	neg.
Schuldtilgungsdauer	< 3 J.	< 5 J.	< 12 J.	> 12 J.	> 30 J.

absolut → finanzielle Stabilität

Ertragslage

relativ

Beispiel: Beurteilung des Ist-Zustandes der Kunststoffspritzerei und des Großhandelsbetriebes

Auf den Seiten 68 bis 71 wird gezeigt, wie sich aus den Ist-Zahlen der Industrie-Testfirma und des Großhandels-Testbetriebes der Quicktest ableitet. *Nach* dem *Quicktest* sind beide *Testbetriebe mustergültige Unternehmen*, die in allen Bereichen die Beurteilungsnote 1 und daher auch die Gesamtnote 1 erhalten.

Aktiva	Bilanz zum (Datum)		Passiva	

– Anlagevermögen			**– Eigenkapital**		40 A)
– Grund	3				
– Gebäude	15		**– Fremdkapital, langfristig**		
– sonst. Sachanlagevermögen	10		– Hypothekarkredit	10	
– Finanzanlagevermögen	2	30	– Pensionsrückstellung	10	20 E)
		—			—
– Umlaufvermögen			**– Fremdkapital, kurzfristig**		
– liquide Mittel	2 D)		– Lieferantenverbindlichkeiten	25	
– Kundenforderungen	20		– Kontokorrentkredit	10	
– Vorräte	40		– sonstige Verbindlichkeiten	5	40 E)
– sonstige Forderungen	8	70			—
		— —			
Bilanzsumme		100	**Bilanzsumme**		100 B)

Aufwendungen	G & V für (Jahr)		Erträge	

Materialeinsatz	100	Fakturenerlöse		210
Personalkosten	40	– Bestandsverringerungen		
Fremdkapitalzinsen	2 G)	Halb- und Fertigware		10
Verkaufsprovisionen	10			—
Kundenskonto	4	= (Betriebsleistung)		200 F)
Hilfs- und Betriebsstoffe	1			
Energie	5			
Instandhaltung Maschinen	3			
Werkzeugverbrauch	2			
sonstiger Aufwand	7			
Abschreibungen	10 H)			
Dotierung Pensionsrückstellung	1 H)			
Gewinn (vor ESt.)	15 C)H)			
	—			—
Gesamt	200	**Gesamt**		200

Kennzahl	Beurteilungsskala (Note)				
	sehr gut (1)	gut (2)	mittel (3)	schlecht (4)	insolvenz-gefährdet (5)
Eigenkapitalquote	> 30%	> 20%	> 10%	< 10%	neg.
Cash-flow in % der Betriebsleistung	> 10%	> 8%	> 5%	< 5%	neg.
Gesamtkapitalrentabilität	> 15%	> 12%	> 8%	< 8%	neg.
Schuldtilgungsdauer	< 3 J.	< 5 J.	< 12 J.	> 12 J.	> 30 J.

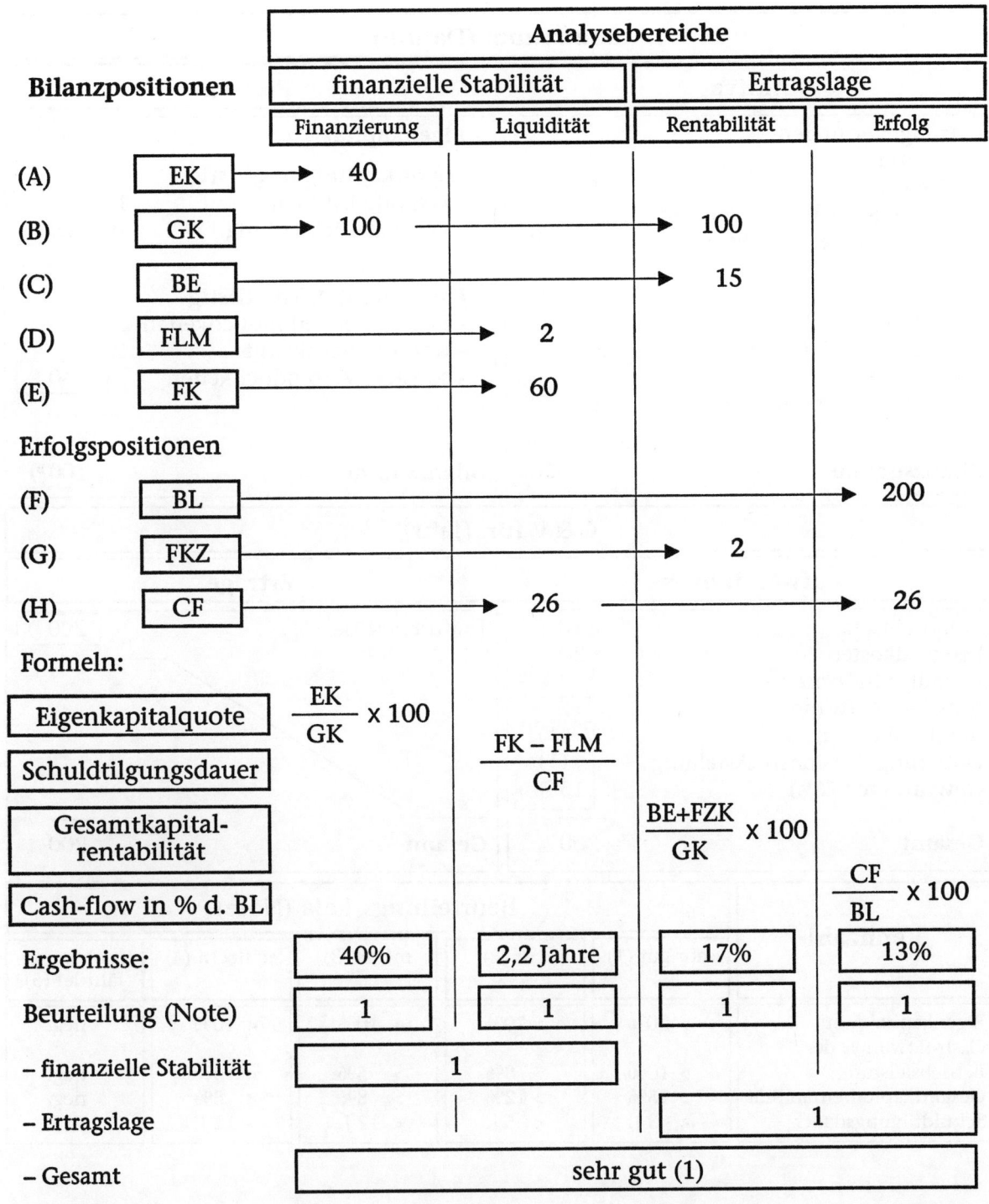

Bilanzpositionen	Analysebereiche			
	finanzielle Stabilität		Ertragslage	
	Finanzierung	Liquidität	Rentabilität	Erfolg
(A) EK	40			
(B) GK	100		100	
(C) BE			15	
(D) FLM		2		
(E) FK		60		

Erfolgspositionen

(F) BL				200
(G) FKZ			2	
(H) CF		26		26

Formeln:

Eigenkapitalquote	$\dfrac{EK}{GK} \times 100$			
Schuldtilgungsdauer		$\dfrac{FK - FLM}{CF}$		
Gesamtkapital-rentabilität			$\dfrac{BE+FZK}{GK} \times 100$	
Cash-flow in % d. BL				$\dfrac{CF}{BL} \times 100$

Ergebnisse:	40%	2,2 Jahre	17%	13%
Beurteilung (Note)	1	1	1	1
– finanzielle Stabilität	1			
– Ertragslage			1	
– Gesamt	sehr gut (1)			

Bilanz zum (Datum)	
Aktiva	**Passiva**

Aktiva			Passiva		
– Anlagevermögen			**– Eigenkapital**		$\boxed{40^{A)}}$
– Grund	3				
– Gebäude	15		**– Fremdkapital, langfristig**		
– sonst. Sachanlagevermögen	10		– Hypothekarkredit	10	
– Finanzanlagevermögen	2	30	– Pensionsrückstellung	10	$\boxed{20^{E)}}$
		—			—
– Umlaufvermögen			**– Fremdkapital, kurzfristig**		
– liquide Mittel	$\boxed{2^{D)}}$		– Lieferantenverbindlichkeiten	25	
– Kundenforderungen	20		– Kontokorrentkredit	10	
– Vorräte	40		– sonstige Verbindlichkeiten	5	$\boxed{40^{E)}}$
– sonstige Forderungen	8	70			—
		—			
Bilanzsumme		100	**Bilanzsumme**		$\boxed{100^{B)}}$

G & V für (Jahr)	
Aufwendungen	**Erträge**

Aufwendungen		Erträge	
Wareneinsatz	140	Fakturenerlöse	$\boxed{200^{F)}}$
Personalkosten	30		
Fremdkapitalzinsen	$\boxed{2^{G)}}$		
sonstiger Aufwand	7		
Abschreibungen	$5^{H)}$		
Dotierung Pensionsrückstellung	$1^{H)}$		
Gewinn (vor ESt.)	$15^{C)H)}$		
	—		—
Gesamt	200	**Gesamt**	200

Kennzahl	Beurteilungsskala (Note)				
	sehr gut (1)	gut (2)	mittel (3)	schlecht (4)	insolvenzge-fährdet (5)
Eigenkapitalquote	> 30%	> 20%	> 10%	< 10%	neg.
Cash-flow in % der Betriebsleistung	> 10%	> 8%	> 5%	< 5%	neg.
Gesamtkapitalrentabilität	> 15%	> 12%	> 8%	< 8%	neg.
Schuldtilgungsdauer	< 3 J.	< 5 J.	< 12 J.	> 12 J.	> 30 J.

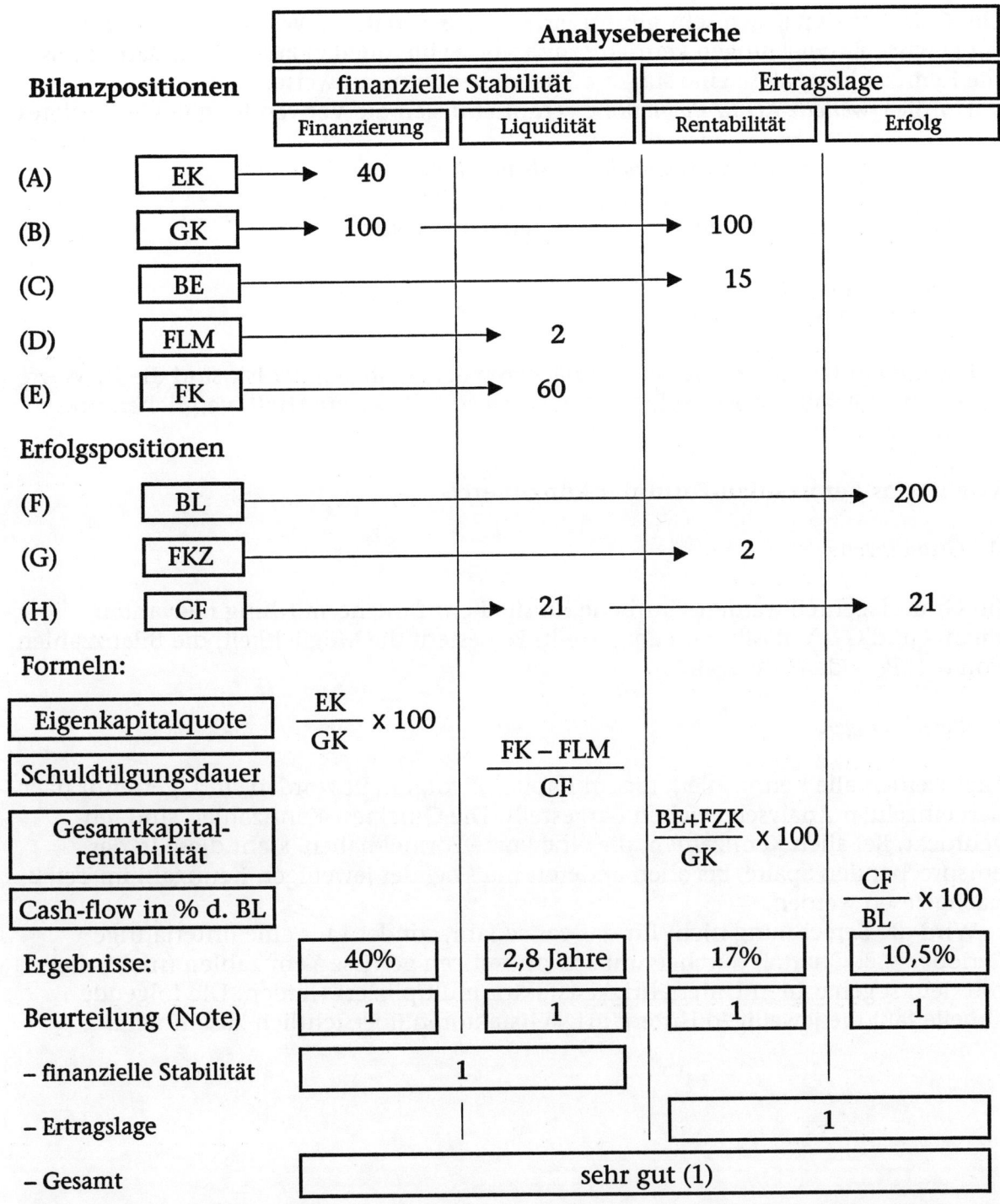

Bilanzpositionen	Analysebereiche			
	finanzielle Stabilität		Ertragslage	
	Finanzierung	Liquidität	Rentabilität	Erfolg
(A) EK	40			
(B) GK	100		100	
(C) BE			15	
(D) FLM		2		
(E) FK		60		

Erfolgspositionen

(F) BL				200
(G) FKZ			2	
(H) CF		21		21

Formeln:

Eigenkapitalquote	$\dfrac{EK}{GK} \times 100$			
Schuldtilgungsdauer		$\dfrac{FK - FLM}{CF}$		
Gesamtkapital-rentabilität			$\dfrac{BE+FZK}{GK} \times 100$	
Cash-flow in % d. BL				$\dfrac{CF}{BL} \times 100$
Ergebnisse:	40%	2,8 Jahre	17%	10,5%
Beurteilung (Note)	1	1	1	1
– finanzielle Stabilität	1			
– Ertragslage			1	
– Gesamt	sehr gut (1)			

3.2 Erweiterte Kennzahlenanalyse

Der *Quicktest* eignet sich sehr gut für eine erste Beurteilung. Will man aber Ursachen für gewisse Entwicklungen kennenlernen und Fehlerquellen aufdecken, dann muß die Kennzahlenanalyse eine stärkere Tiefengliederung aufweisen.

Für die *erweiterte Kennzahlenanalyse* empfiehlt sich die Verwendung des Formulares

Kennzahlenermittlung, -vergleich und -beurteilung

Das Formular untergliedert sich in drei Teile, und zwar:
– A Grundlagen
– B Berechnungen
– C Analyse und Maßnahmen

Mit diesem Formular, das auf den nächsten Seiten abgebildet ist, sind die Ist-Werte des Industrietestbetriebes und Großhandelstestbetriebes ermittelt, verglichen und beurteilt worden.

Wie ist das Kennzahlen-Formular konzipiert?

A Grundlagen

Im Grundlagenteil werden sämtliche für die Kennzahlenermittlung relevanten Bilanz- und G & V-Positionen dargestellt. Es besteht die Möglichkeit, die Bilanzzahlen von drei Perioden einzugeben.

B Berechnungen

Hier werden alle Kennzahlen, die im Kapitel 2 vorgestellt worden sind, getrennt nach den einzelnen Analysebereichen dargestellt. Die Quicktest-Kennzahlen sind fett gedruckt. Bei allen Kennzahlen, die eine kurze Formel haben, steht diese in der entsprechenden Spalte, bei allen anderen muß bei der jeweiligen Kennzahl im Teil 2 nachgelesen werden.

Wird die Berechnung nicht für das ganze Jahr, sondern für eine unterjährige Periode (z. B. Quartal) durchgeführt, dann müssen gewisse Kennzahlen (nicht alle) mit dem sogenannten Unterjährigkeitsfaktor multipliziert werden. Die folgende Tabelle faßt die jeweiligen Unterjährigkeitsfaktoren übersichtlich zusammen.

Unterjährigkeitsfaktoren				
Monat		Unterjährigkeitsfaktoren, kumulativ		
entweder	oder	monatlich	viertel-jährlich	Trimester
Jänner	1	12	–	–
Februar	2	6	–	–
März	3	4	4	–
April	4	3	–	3
Mai	5	2,4	–	–
Juni	6	2	2	–
Juli	7	1,714	–	–
August	8	1,5	–	1,5
September	9	1,333	1,333	–
Oktober	10	1,2	–	–
November	11	1,091	–	–
Dezember	12	1	1	1

Für die eigenen Kennzahlenwerte sind wieder drei Spalten für drei Perioden vorgesehen (z. B. drei Ist-Perioden oder zwei Ist-Perioden und eine Plan-Periode, usw.).

Es werden zwei Zwischensummen gebildet, und zwar eine für die Kennzahlen, welche die finanzielle Stabilität ausdrücken, und eine zweite für jene Kennzahlen, die zur Beurteilung der Ertragslage geeignet sind.

C Analyse und Maßnahmen

In diesem Formularblock werden die Analysebereiche genau aufgezeigt und die Kennzahlen guter Vergleichsbetriebe dargestellt. Der Vergleich ist auf die vier Hauptunternehmensformen

Industrie (I),   Gewerbe (G),   Großhandel (GH),   Einzelhandel (EH)

beschränkt. Die Kennzahlen guter Vergleichsbetriebe stammen aus den Veröffentlichungen von Banken, Hochschulinstituten und anderen Quellen. Wenn die Bildung eines Durchschnittswertes nicht möglich war, weil die Streuung innerhalb der Gruppe zu groß bzw. kein repräsentativer Wert bekannt ist, wurde das entsprechende Feld schraffiert.

Für die Beurteilung ist ein Soll-Ist-Vergleich und eine Trendanalyse vorgesehen. Die letzte Spalte bleibt für Vermerke bezüglich Ursachen und getroffenen Maßnahmen.

Kennzahlenermittlung, -vergleich und -beurteilung

Jahr	Stichtag	Berichtsmonate, kumulativ															I	G
Z Z	X X Y Y	1	2	3	4	5	6	7	8	9	10	11	12				GH	EH

A Grundlagen

	Relevante Bilanz- und G & V-Positionen	Werte in 1 000 GE (Ist)
EK	Eigenkapital	40
GK	Gesamtkapital	100
AV	Anlagevermögen	30
FKL	Fremdkapital, langfr.	20
UVK	Umlaufvermögen, kfr.	70
FKK	Fremdkapital, kurzfr.	40
KUFO	Kundenforderungen	20
U	Umsatz	210
LV	Lieferantenverbindl.	25
MES	Materialeinsatz	100
FL	Fremdleistungen	–
VORR.	Vorräte	40
FLM	flüssige Mittel	2
GEA	geleist. Anzahlungen	–
FK	Fremdkapital, lfr. + kfr.	60
CF	Cash-flow	26
BE	Betriebsergebnis	15
ZA	Zinsenaufwand	2
BL	Betriebsleistung	200
PK	Personalkosten	40
AfA	Abschreibung	10
VK	variable Kosten	120
DB	Deckungsbeitrag	80
FK	Fixkosten, gesamt	65
AWFK	Fixkosten, ausg.wirks.	54

für ROI:

Kapitalumschlag	2 x
Umsatzrendite	7,5

B Berechnungen

Kennzahlen	Formel	nähere Details Seite	Unterjährigkeitsfaktor	eigene Kennzahlenwerte Ist
Eigenkapitalquote	EK/GK	20		40%
Anlagevermögen in % d. Ges.V.	AV/GV	22		30%
Anlagendeckung A	EK/AV	24		133%
Anlagendeckung B		24		200%
Working capital in % des UV		26		43%
Debitorenziel in Tagen		28	x	35 Tg.
Kreditorenziel in Tagen		28	x	91 Tg.
Lagerdauer in Tagen		28	x	146 Tg
Liquidität 1. Grades	FLM/FKK	32		5%
Liquidität 2. Grades		32		75%
Liquidität 3. Grades	UVK/FKK	32		175%
Schuldtilgungsdauer in Jahren		34	x	2,2 J.
Zw.-Summe 1: Finanz. Stabilität				
Eigenkapitalrentabilität	BE/EK	36	x	37,5%
Gesamtkapitalrentabilität		36	x	17%
Return on investment		40	x	15%
Materialintensität	MES/BL	46	x	50%
Personalintensität	PK/BL	46	x	20%
Fremdkapitalzinsen in % der BL	ZA/BL	50	x	1%
Abschreibung in % der BL	AfA/BL	52	x	5%
Cash-flow in % der BL	CF/BL	54	x	13%
Deckungsbeitragsrate (DBU)	DB/BL	56		40%
Break even point in % der BL		56	x	81%
Cash-flow point in % der BL		56	x	67%
Zielumsatz in % der BL		56	x	108%
Gesamt				

C Analyse und Maßnahmen

Analysebereich		Vergleich: gute Ind.-Betr.	Beurteilung Soll/Ist	Trend	Ursachen, Maßnahmen
finanzielle Stabilität	Finanzierung	> 20%	B		
		> 33%	S		• Differenz sehr klein, keine Maßnahme
		> 70%	B		
		> 130%	B		
		> 50%	S		
		< 60 Tg.	B		
		< 100 Tg.	B		
		< 130 Tg	S		• Losgrößen- und Meldemengenpolitik überprüfen!
	Liquidität	> 100%	S		
		> 150%	B		
		< 4 J.	B		Super!
		7B,4S			Besser/Schlechter
Ertragslage	Rentabilität	> 36%	B		
		> 9%	B		
		> 7,2%	B		
	Erfolg	< 2,5%	B		• Sind die Maschinen gut ausgelastet?
		< 3,5%	S		
		> 8%	B		
		< 90%	B		
		6B,1S	13B,5S		Besser/Schlechter

➡ **Erweiterte Kennzahlenanalyse**

Kennzahlenermittlung, -vergleich und -beurteilung

	Jahr	Stichtag		Berichtsmonate, kumulativ													I	G
	Z Z	X X Y Y		1	2	3	4	5	6	7	8	9	10	11	12		GH	EH

A Grundlagen

	Relevante Bilanz- und G&V-Positionen	Werte in 1 000 GE Ist
EK	Eigenkapital	40
GK	Gesamtkapital	100
AV	Anlagevermögen	30
FKL	Fremdkapital, langfr.	20
UVK	Umlaufvermögen, kfr.	70
FKK	Fremdkapital, kurzfr.	40
KUFO	Kundenforderungen	20
U	Umsatz	200
LV	Lieferantenverbindl.	25
WES	Wareneinsatz	140
FL	Fremdleistungen	–
VORR.	Vorräte	40
FLM	flüssige Mittel	2
GEA	geleist. Anzahlungen	–
FK	Fremdkapital, lfr. + kfr.	60
CF	Cash-flow	21
BE	Betriebsergebnis	15
ZA	Zinsenaufwand	2
BL	Betriebsleistung	200
PK	Personalkosten	30
AfA	Abschreibung	5
VK	variable Kosten	140
DB	Deckungsbeitrag	60
FK	Fixkosten, gesamt	45
AWFK	Fixkosten, ausg.wirks.	39

für ROI und ROSTI:

Kapitalumschlag	2 x
Umsatzrendite	7,5%
Aufschlag in % WES	42,9
Warenumschl.häufigk.	3,5 x

B Berechnungen

Kennzahlen	Formel	nähere Details Seite	Unterjährigkeitsfaktor	eigene Kennzahlenwerte Ist
Eigenkapitalquote	EK/GK	20		40%
Anlagevermögen in % d. Ges.V.	AV/GV	22		30%
Anlagendeckung A	EK/AV	24		133%
Anlagendeckung B		24		200%
Working capital in % des UV		26		43%
Debitorenziel in Tagen		28	x	37Tg.
Kreditorenziel in Tagen		28	x	65Tg.
Lagerdauer in Tagen		28	x	104Tg.
Liquidität 1. Grades	FLM/FKK	32		5%
Liquidität 2. Grades		32		75%
Liquidität 3. Grades	UVK/FKK	32		175%
Schuldtilgungsdauer in Jahren		34	x	2,8 J.
Zw.-Summe 1: Finanz. Stabilität				
Eigenkapitalrentabilität	BE/EK	36	x	38%
Gesamtkapitalrentabilität		36	x	17%
Return on investment		40	x	15%
Return on stock investment		43	x	150
Warenintensität	WES/BL	46		70%
Personalintensität	PK/BL	46		15%
Fremdkapitalzinsen in % der BL	ZA/BL	50		1%
Abschreibung in % der BL	AfA/BL	52		2,5%
Cash-flow in % der BL	CF/BL	54		10,5%
Deckungsbeitragsrate (DBU)	DB/BL	56		30%
Break even point in % der BL		56	x	75%
Cash-flow point in % der BL		56	x	65%
Zielumsatz in % der BL		56	x	90%
Zw.-Summe 2: Ertragslage				
Gesamt				

C Analyse und Maßnahmen

Analysebereich		Vergleich: gute GH-Betr.	Beurteilung Soll/Ist	Trend	Ursachen, Maßnahmen
finanzielle Stabilität	Finanzierung	>15%	B		
		>15%	B		
		>90%	B		
		>180%	B		• Differenz sehr klein, daher keine Maßnahmen
		>50%	S		
		<60 Tg.	B		• Bestell- u. Mahndemengenpolitik überprüfen!
		<100 Tg	B		
		<80 Tg.	S		
	Liquidität	>100%	S		Super!
		>150%	B		
		<6 J.	B		
		8B,3S			Besser/Schlechter
Ertragslage	Rentabilität	>39%	S		• Differenz sehr klein
		>9%	B		
		>10%	B		
	Erfolg	<2%	B		
		<1,3%	S		• zu teure Lagerhalle
		>6%	B		
		<90%	B		
		5B,2S			
		13B,5S			Besser/Schlechter

➡ **Erweiterte Kennzahlenanalyse**

Interpretation des Industrie-Testbetriebes

Der C-Teil (Analyse und Maßnahmen) des *Kennzahlenformulares* bestätigt voll und ganz die Erkenntnisse des Quicktests. Es handelt sich um einen *Spitzenbetrieb. Von den insgesamt 18 Kennzahlen sind 13 besser als jene guter Vergleichsbetriebe.* Bei den fünf als schlechter klassifizierten Kennzahlen sind die Differenzen zu guten Vergleichsbetrieben meist sehr gering. Das *einzig wirkliche Problem* dürfte in der überhöhten *Lagerdauer* liegen. Hier kann wahrscheinlich eine Analyse der Losgrößen- und Meldemengenpolitik eine Verbesserung herbeiführen.

Wie aus nachfolgender Übersicht hervorgeht, ist die Ertragslage günstiger als die finanzielle Stabilität.

Analysebereich	Kennzahlen		
	gesamt	besser	schlechter
* Finanzielle Stabilität	11	7	4
* Ertragslage	7	6	1
	18	13	5

Interpretation des Großhandels-Testbetriebes

Auch hier stellt sich eine ähnlich günstige Situation wie beim Industrietestbetrieb dar. Die Quicktestergebnisse finden voll ihre Bestätigung.

Von den insgesamt 18 Vergleichskennzahlen sind 13 besser als jene guter Vergleichsbetriebe und 5 schlechter. Bezogen auf die beiden Hauptanalysebereiche ergibt sich folgendes Bild:

Analysebereich	Kennzahlen		
	gesamt	besser	schlechter
* Finanzielle Stabilität	11	8	3
* Ertragslage	7	5	2
	18	13	5

Beim Großhandels-Testbetrieb sind finanzielle Stabilität und Ertragslage etwa gleich gut.

3.3 Bonitätsindikatoren (Frühwarnsysteme)

3.3.1 Was sind Bonitätsindikatoren? Was sind Frühwarnsysteme?

Seit vielen Jahrzehnten sind Wirtschaftswissenschafter auf der ganzen Welt bemüht, aus externen Jahresabschlüssen (Bilanzen und G & V) den Niedergang eines Unternehmens vorhersagen zu können. Die Erfolge sind teilweise recht beachtlich.

Die meisten Großbanken in Westeuropa und den USA verwenden Frühwarnsysteme, die auf Bilanzzahlen basieren In Deutschland, Österreich und der Schweiz haben sich die Bonitätsmodelle von Beermann, Bleier, RISK (Bayerische Vereinsbank AG) und Weinrich gut etabliert, auf die aber hier nicht näher eingegangen werden kann.

Gemeinsames Ziel aller einschlägigen Untersuchungen zur Insolvenzforschung ist, eine mehr oder weniger große Anzahl aussagefähiger Kennzahlen für eine Zukunftsbeurteilung zu finden. Die Vorgangsweise besteht darin, einigen Dutzend insolvent gewordener Unternehmungen eine ebenso große Anzahl von solventen Unternehmungen gleicher Branche, Standort und Größe gegenüberzustellen. Auf diese Weise wird eine Reihe von Kennzahlen erarbeitet, die für jede der beiden Gruppen typische Werte aufzeigen. Diese ausgewählten Kennzahlen werden abschließend mit Hilfe verschiedener statistischer Methoden (z. B. multiple Diskriminanzanalyse) gewichtet. Anschließend werden sogenannte Trennwerte gebildet, das sind Normwerte, auf deren Basis eine Einstufung in verschiedene Bonitätsklassen möglich ist.

Die multiple Diskriminanzanalyse nach der vereinfachten Methode eignet sich besonders gut für Anfänger. Deshalb wird sie hier näher behandelt.

**Wie funktioniert die multiple Diskriminanzanalyse
nach der vereinfachten Methode?**

Bei ihr werden sechs ausgewählte Kennzahlen mit Gewichtungsfaktoren multipliziert. Anschließend werden die Produkte addiert. Bei der Summe der aufaddierten Produkte handelt es sich um die Diskriminanzfunktion.

Die vereinfachte Methode orientiert sich sehr stark am Ertrag (Gewinn und Cashflow). Die sechs Kennzahlen können rasch und problemlos erhoben werden; das ist nicht bei allen Methoden so einfach.

Grundsätzlich gilt: je höher die Diskriminanzfunktion, desto besser. Ab +1 kann ein Unternehmen als mittelgut, ab +2 als sehr gut klassifiziert werden. Bei negativen Diskriminanzfunktionen, insbesondere, wenn sie höher sind als –1, ist das Unternehmen als insolvenzgefährdet einzustufen.

Die Kennzahlen, die Gewichtungsfaktoren, der Trennwert und die Interpretationshinweise können der umseitigen Tabelle entnommen werden.

Multiple Diskriminanzanalyse (vereinfacht)			
	Kennzahl	$\times$	Gewichtungsfaktor
X 1 =	$\dfrac{\text{Cash-flow p. a.}}{\text{Verbindlichkeiten}}$	$\times$	1,50
X 2 =	$\dfrac{\text{Bilanzsumme}}{\text{Verbindlichkeiten}}$	$\times$	0,08
X 3 =	$\dfrac{\text{Ergebnis vor Ertragsteuer p. a.}}{\text{Bilanzsumme}}$	$\times$	10,00
X 4 =	$\dfrac{\text{Ergebnis vor Ertragsteuer p. a.}}{\text{Betriebsleistung p. a.}}$	$\times$	5,00
X 5 =	$\dfrac{\text{Vorräte}}{\text{Betriebsleistung p. a.}}$	$\times$	0,30
X 6 =	$\dfrac{\text{Betriebsleistung p. a.}}{\text{Bilanzsumme}}$	$\times$	0,10

Hinweise zur Interpretation:

Trennwert 0
insolvenzgefährdet .... negative Werte
nicht insolvenzgefährdet .... positive Werte
mittelmäßig gut .... ab + 1
sehr gut .... ab + 2

Welche Diskriminanzfunktion hat der Industrie-Testbetrieb?

Auf den Seiten 80 und 81 wird gezeigt, wie sich die Diskriminanzanalyse aus der Bilanz und G & V des Industrietestbetriebes entwickelt. Zunächst werden die sechs Kennzahlen errechnet. Diese werden anschließend mit den vorgegebenen Gewichtungsfaktoren multipliziert. Um nun zur Diskriminanzfunktion zu gelangen, müssen die gewichteten Kennzahlen addiert werden. Die Diskriminanzfunktion beträgt _2,92_, was in der Beurteilungsskala als _extrem gut_ bezeichnet werden kann.

Welche Diskriminanzfunktion hat der Großhandels-Testbetrieb?

Auf den Seiten 82 und 83 wird die Diskriminanzfunktion für den Großhandels-Testbetrieb ermittelt. Sie beträgt *2,8* und ist damit ähnlich gut wie beim Industrie-Testbetrieb.

Formulare verwenden!

Dem Leser wird empfohlen, für die Ermittlung der Diskriminanzfunktionen seines eigenen Betriebes jenes Formular zu verwenden, das in diesem Buch mehrmals abgebildet ist. Ein Leerformular findet sich in Teil 4.

3.3.2 Ermittlung der Diskriminanzfunktionen (Bonitätsindikatoren)

Industrie-Testbetrieb

Bilanz zum (Datum)			
Aktiva		**Passiva**	
– Anlagevermögen		– Eigenkapital	40
– Grund	3		
– Gebäude	15	– Fremdkapital, langfristig	
– sonst. Sachanlagevermögen	10	– Hypothekarkredit	10
– Finanzanlagevermögen	2 30	– Pensionsrückstellung	10 20 B)
– Umlaufvermögen		– Fremdkapital, kurzfristig	
– liquide Mittel	2	– Lieferantenverbindlichkeiten	25
– Kundenforderungen	20	– Kontokorrentkredit	10
– Vorräte	40 F)	– sonstige Verbindlichkeiten	5 40 B)
– sonstige Forderungen	8 70		
Bilanzsumme	100	**Bilanzsumme**	100 C)

G & V für (Jahr)			
Aufwendungen		**Erträge**	
Materialeinsatz	100	Fakturenerlöse	210
Personalkosten	40	– Bestandsverringerungen	
Fremdkapitalzinsen	2	Halb- und Fertigware	10
Verkaufsprovisionen	10		
Kundenskonto	4	= (Betriebsleistung)	200 E)
Hilfs- und Betriebsstoffe	1		
Energie	5		
Instandhaltung Maschinen	3		
Werkzeugverbrauch	2		
sonstiger Aufwand	7		
Abschreibungen	10 A)		
Dotierung Pensionsrückstellung	1 A)		
Gewinn (vor ESt.)	15 A)D)		
Gesamt	200	**Gesamt**	200

Diskriminanzfunktion → **2,92**

	Formeln	×	Gewichtungsfaktoren	=	Kennzahlen
(A) CF = 26 (B) FK = 60	$\dfrac{26}{60} = 0{,}43$	×	1,5	=	0,65
(C) BILΣ = 100 (B) FK = 60	$\dfrac{100}{60} = 1{,}67$	×	0,08	=	0,13
(D) BE = 15 (C) BILΣ = 100	$\dfrac{15}{100} = 0{,}15$	×	10	=	1,50
(D) BE = 15 (E) BL = 200	$\dfrac{15}{200} = 0{,}075$	×	5	=	0,38
(F) VORR = 40 (E) BL = 200	$\dfrac{40}{200} = 0{,}2$	×	0,3	=	0,06
(E) BL = 200 (C) BILΣ = 100	$\dfrac{200}{100} = 2$	×	0,1	=	0,20

$$0{,}65 + 0{,}13 + 1{,}50 + 0{,}38 + 0{,}06 + 0{,}20 = 2{,}92$$

Formeln:
- (A) CF = 26
- (B) FK = 60
- (C) BILΣ = 100
- (D) BE = 15
- (E) BL = 200
- (F) VORR = 40

Beurteilungsskala

insolvenzgefährdet			nicht insolvenzgefährdet		
−2 sehr schlecht	−1 schlecht	0 Trenn-wert	+1 mittel	+2 sehr gut	+3 extrem gut

3.3.3 Ermittlung der Diskriminanzfunktionen (Bonitätsindikatoren)

Großhandels-Testbetrieb

Bilanz zum (Datum)			
Aktiva		**Passiva**	
– Anlagevermögen		– Eigenkapital	40
– Grund	3		
– Gebäude	15	– Fremdkapital, langfristig	
– sonst. Sachanlagevermögen	10	– Hypothekarkredit	10
– Finanzanlagevermögen	2 30	– Pensionsrückstellung	10 20 B)
– Umlaufvermögen		– Fremdkapital, kurzfristig	
– liquide Mittel	2	– Lieferantenverbindlichkeiten 25	
– Kundenforderungen	20	– Kontokorrentkredit	10
– Vorräte	40 F)	– sonstige Verbindlichkeiten	5 40 B)
– sonstige Forderungen	8 70		
Bilanzsumme	100	**Bilanzsumme**	100 C)

G & V für (Jahr)			
Aufwendungen		**Erträge**	
Wareneinsatz	140	Fakturenerlöse	200 E)
Personalkosten	30		
Fremdkapitalzinsen	2		
sonstiger Aufwand	7		
Abschreibungen	5 A)		
Dotierung Pensionsrückstellung	1 A)		
Gewinn (vor ESt.)	15 A)D)		
Gesamt	200	**Gesamt**	200

Diskriminanzfunktion → **2,80** =

	Formeln ×	Gewichtungsfaktoren	= Kennzahlen
(A) CF = 21 / FK = 60	$\frac{21}{60} = 0{,}35$ ×	1,5 =	**0,53** +
(B) FK = 60 / BILΣ = 100	$\frac{100}{60} = 1{,}67$ ×	0,08 =	**0,13** +
(C) BILΣ = 100 / BE = 15	$\frac{15}{100} = 0{,}15$ ×	10 =	**1,50** +
(D) BE = 15 / BL = 200	$\frac{15}{200} = 0{,}075$ ×	5 =	**0,38** +
(E) BL = 200 / VORR = 40	$\frac{40}{200} = 0{,}2$ ×	0,3 =	**0,06** +
(F) VORR = 40 / BILΣ = 100	$\frac{200}{100} = 2$ ×	0,1 =	**0,20** =

Beurteilungsskala

insolvenzgefährdet		nicht insolvenzgefährdet			
– 2 sehr schlecht	– 1 schlecht	0 Trennwert	+ 1 mittel	+ 2 sehr gut	+ 3 extrem gut

3.4 Steuerung des Cash-Managements durch Kennzahlen

Oberstes Ziel eines effizienten Cash-Managements ist die Wahrung der Liquidität zu jedem Zeitpunkt. Als zweites, fast gleichrangiges Ziel gilt es, das Cash-Vermögen so zu disponieren (anzulegen bzw. umzuschichten), daß die Rentabilität des Unternehmens maximiert wird.

Weil Liquidität und Rentabilität meist gegensätzliche Ziele sind, kommt es beim Cash-Management häufig zu Zielkonflikten, die nur der erfahrene Finanzexperte optimal lösen kann. Durch sorgfältiges Abwägen der Finanz- und Rentabilitätsaktivitäten ist eine möglichst vorteilhafte (Plan)Bilanz anzupeilen. Zur Beurteilung der Vorteilhaftigkeit bieten sich die in diesem Buch vorgestellten Kennzahlen gut an.

In der Praxis sind häufig folgende Fehler bzw. Schwachstellen im Cash-Management anzutreffen:

1. Zu hohe Lagerbestände
   (keine wirtschaftliche Bestell-, Losgrößen- und Mindestbestandspolitik)
2. Zu hohe Kundenforderungen (fehlendes oder schlampiges Mahnwesen)
3. Zu hohe, schlecht verzinsliche Bankguthaben statt höherverzinsliche Geldanlagen
   (z. B. börsenfähige Aktien usw.)
4. Gleichzeitig niedrigverzinsliche Bankguthaben und hochverzinsliche Bankverbindlichkeiten
5. Zu hohe Geldverkehrskosten (z. B. keine guten Bankkonditionen)
6. Fehlende bzw. mangelhafte Finanzpläne und dadurch Wirksamwerden der sehr teuren Banküberziehungskreditkosten
7. Keine oder zu geringe Ausnutzung attraktiver Lieferantenskonti
8. Unnötig hohe Gewährung von Kundenskonti, Rabatten und sonstigen Nachlässen
9. Zu häufige Mahnungen der Lieferanten schaden dem Bonitätsimage

Hier wurden nur die wichtigsten Punkte aufgezählt; die Liste könnte um einige Dutzend weiterer Fehler ergänzt werden.

Teil 4:

Leerformulare zur Bestimmung

der finanziellen Situation

Auf den nächsten Seiten finden sich einige praxisbewährte Formulare, die zur Bestimmung der finanziellen Situation empfohlen werden. Es sind dies:

4.1 Formular 1: Quicktest

Aktiva	Bilanz zum _____	Passiva

Aktiva

- Anlagevermögen
  - Grund
  - Gebäude
  - sonst. Sachanlagevermögen
  - Finanzanlagevermögen

- Umlaufvermögen
  - liquide Mittel   D)
  - Kundenforderungen
  - Vorräte
  - sonstige Forderungen

Bilanzsumme

Passiva

- Eigenkapital   A)

- Fremdkapital, langfristig
  - Hypothekarkredit
  - Pensionsrückstellung   E)

- Fremdkapital, kurzfristig
  - Lieferantenverbindlichkeiten
  - Kontokorrentkredit
  - sonstige Verbindlichkeiten   E)

Bilanzsumme   B)

Aufwendungen	G & V für _____	Erträge

Aufwendungen

Material-/Wareneinsatz
Personalkosten
Fremdkapitalzinsen   G)
Verkaufsprovisionen
Kundenskonto
Hilfs- und Betriebsstoffe
Energie
Instandhaltung Maschinen
Werkzeugverbrauch
sonstiger Aufwand
Abschreibungen   H)
Dotierung Pensionsrückstellung   H)
Gewinn (vor ESt.)   C)H)

Gesamt

Erträge

Fakturenerlöse
- Bestandsverringerungen
  Halb- und Fertigware

= (Betriebsleistung)   F)

Gesamt

Kennzahl	Beurteilungsskala (Note)				
	sehr gut (1)	gut (2)	mittel (3)	schlecht (4)	insolvenz-gefährdet (5)
Eigenkapitalquote	> 30%	> 20%	> 10%	< 10%	neg.
Cash-flow in % der Betriebsleistung	> 10%	> 8%	> 5%	< 5%	neg.
Gesamtkapitalrentabilität	> 15%	> 12%	> 8%	< 8%	neg.
Schuldtilgungsdauer	< 3 J.	< 5 J.	< 12 J.	> 12 J.	> 30 J.

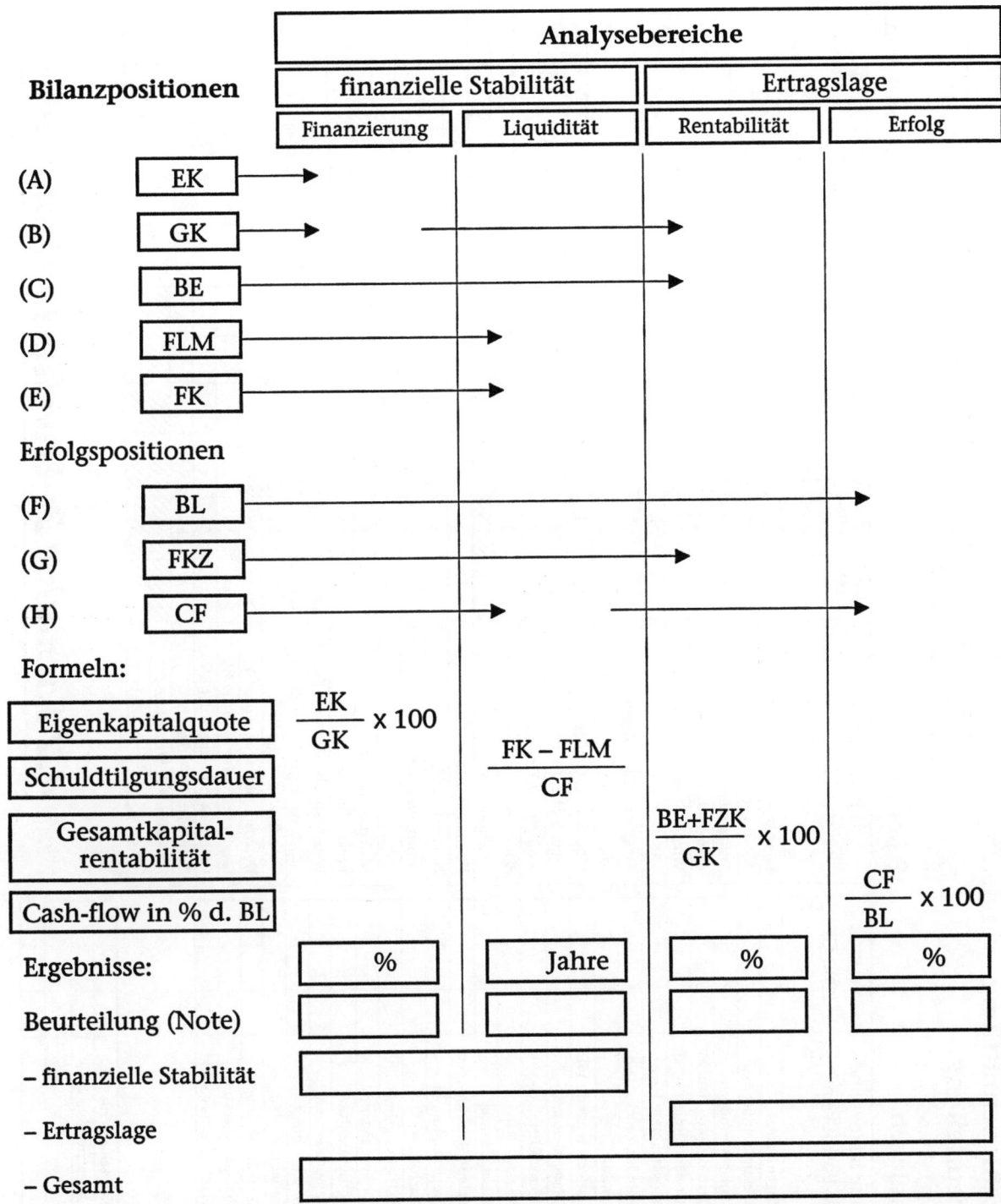

Bilanzpositionen	Analysebereiche			
	finanzielle Stabilität		Ertragslage	
	Finanzierung	Liquidität	Rentabilität	Erfolg
(A) EK				
(B) GK				
(C) BE				
(D) FLM				
(E) FK				

Erfolgspositionen

(F) BL				
(G) FKZ				
(H) CF				

Formeln:

Eigenkapitalquote	$\dfrac{EK}{GK} \times 100$			
Schuldtilgungsdauer		$\dfrac{FK - FLM}{CF}$		
Gesamtkapital-rentabilität			$\dfrac{BE+FZK}{GK} \times 100$	
Cash-flow in % d. BL				$\dfrac{CF}{BL} \times 100$

Ergebnisse:	%	Jahre	%	%
Beurteilung (Note)				
– finanzielle Stabilität				
– Ertragslage				
– Gesamt				

Kennzahlenermittlung, -vergleich und -beurteilung

	I	G
	GH	EH

Jahr — Stichtag — Berichtsmonate, kumulativ

1	2	3	4	5	6	7	8	9	10	11	12

A Grundlagen

	Relevante Bilanz- und G&V-Positionen	Werte in 1000 GE
EK	Eigenkapital	
GK	Gesamtkapital	
AV	Anlagevermögen	
FKL	Fremdkapital, langfr.	
UVK	Umlaufvermögen, kfr.	
FKK	Fremdkapital, kurzfr.	
KUFO	Kundenforderungen	
U	Umsatz	
LV	Lieferantenverbindl.	
MES	Materialeinsatz	
FL	Fremdleistungen	
VORR.	Vorräte	
FLM	flüssige Mittel	
GEA	geleist. Anzahlungen	
FK	Fremdkapital, lfr. + kfr.	
CF	Cash-flow	
BE	Betriebsergebnis	
ZA	Zinsenaufwand	
BL	Betriebsleistung	
PK	Personalkosten	
AfA	Abschreibung	
VK	variable Kosten	
DB	Deckungsbeitrag	
FK	Fixkosten, gesamt	
AWFK	Fixkosten, ausg.wirks.	

B Berechnungen / C Analyse und Maßnahmen

Kennzahlen	Formel	nähere Details Seite	Unterjährig-keitsfaktor	eigene Kennzahlenwerte 1	2	3	4	5	6	Analysebereich	Vergleich: gute Ind.-Betr.	Beurteilung Soll/Ist	Trend	Ursachen, Maßnahmen
Eigenkapitalquote	EK/GK	20								Finanzierung / finanzielle Stabilität	> 20%			
Anlagevermögen in % d. Ges.V.	AV/GV	22									> 33%			
Anlagendeckung A	EK/AV	24									> 70%			
Anlagendeckung B		24									> 130%			
Working capital in % des UV		26									> 50%			
Kreditorenziel in Tagen		28	x							Liquidität	< 60 Tg			
Lagerdauer in Tagen		28	x								< 100 Tg			
Liquidität 1. Grades	FLM/FKK	32	x								< 130 Tg			
Liquidität 2. Grades		32									> 100%			
Liquidität 3. Grades	UVK/FKK	32									> 150%			
Schuldtilgungsdauer in Jahren		34	x								< 4 J.			
Zw.-Summe 1: Finanz. Stabilität														Besser/Schlechter
Eigenkapitalrentabilität	BE/EK	36	x							Rentabilität / Ertragslage	> 36%			
Gesamtkapitalrentabilität		36	x								> 9%			
Return on investment		40	x								> 7,2%			
Materialintensität	MES/BL	46	x							Erfolg				
Personalintensität	PK/BL	46	x											
Fremdkapitalzinsen in % der BL	ZA/BL	50									< 2,5%			
Abschreibung in % der BL	AfA/BL	52									< 3,5%			
Cash-flow in % der BL	CF/BL	54									> 8%			
Deckungsbeitragsrate (DBU)	DB/BL	56												
Break even point in % der BL		56	x								< 90%			
Cash-flow point in % der BL		56	x											
Zielumsatz in % der BL		56												
Zw.-Summe 2: Ertragslage														
Gesamt														Besser/Schlechter

für ROI:

Kapitalumschlag	
Umsatzrendite	

4.2 Formular 2: Erweiterte Kennzahlenanalyse

Kennzahlenermittlung, -vergleich und -beurteilung

Jahr **Stichtag** **Berichtsmonate, kumulativ**

I	G
GH	EH

1	2	3	4	5	6	7	8	9	10	11	12

A Grundlagen

	Relevante Bilanz- und G&V-Positionen	Werte in 1000 GE
EK	Eigenkapital	
GK	Gesamtkapital	
AV	Anlagevermögen	
FKL	Fremdkapital, langfr.	
UVK	Umlaufvermögen, kfr.	
FKK	Fremdkapital, kurzfr.	
KUFO	Kundenforderungen	
U	Umsatz	
LV	Lieferantenverbindl.	
MES	Materialeinsatz	
FL	Fremdleistungen	
VORR.	Vorräte	
FLM	flüssige Mittel	
GEA	geleist. Anzahlungen	
FK	Fremdkapital, lfr. + kfr.	
CF	Cash-flow	
BE	Betriebsergebnis	
ZA	Zinsenaufwand	
BL	Betriebsleistung	
PK	Personalkosten	
AfA	Abschreibung	
VK	variable Kosten	
DB	Deckungsbeitrag	
FK	Fixkosten, gesamt	
AWFK	Fixkosten, ausg.wirks.	

für ROI:

Kapitalumschlag	
Umsatzrendite	

B Berechnungen

Kennzahlen	Formel	nähere Details Seite	Unterjährigkeitsfaktor	eigene Kennzahlenwerte
Eigenkapitalquote	EK/GK	20		
Anlagevermögen in % d. Ges.V.	AV/GV	22		
Anlagendeckung A	EK/AV	24		
Anlagendeckung B		24		
Working capital in % des UV		26		
Debitorenziel in Tagen		28	x	
Kreditorenziel in Tagen		28	x	
Lagerdauer in Tagen		28	x	
Liquidität 1. Grades	FLM/FKK	32		
Liquidität 2. Grades		32		
Liquidität 3. Grades	UVK/FKK	32		
Schuldtilgungsdauer in Jahren		34	x	
Zw.-Summe 1: Finanz. Stabilität				
Eigenkapitalrentabilität	BE/EK	36	x	
Gesamtkapitalrentabilität		36	x	
Return on investment		40	x	
Materialintensität	MES/BL	46	x	
Personalintensität	PK/BL	46	x	
Fremdkapitalzinsen in % der BL	ZA/BL	50		
Abschreibung in % der BL	AfA/BL	52		
Cash-flow in % der BL	CF/BL	54		
Deckungsbeitragsrate (DBU)	DB/BL	56		
Break even point in % der BL		56	x	
Cash-flow point in % der BL		56	x	
Zielumsatz in % der BL		56	x	
Zw.-Summe 2: Ertragslage				
Gesamt				

C Analyse und Maßnahmen

Analysebereich		Vergleich: gute G.-Betr.	Beurteilung Soll/Ist	Trend	Ursachen, Maßnahmen
finanzielle Stabilität	Finanzierung	>22%			
		>25%			
		>80%			
		>100%			
		>50%			
		<60 Tg			
		<100 Tg			
	Liquidität	<70 Tg.			
		>100%			
		>150%			
		<5 J.			Besser/Schlechter
Ertragslage	Rentabilität	>10%			
		>5,8%			
	Erfolg	<2%			
		<3%			
		>5%			
		<90%			Besser/Schlechter

➡ *Formular 2: Erweiterte Kennzahlenanalyse*

Kennzahlenermittlung, -vergleich und -beurteilung

Jahr | **Stichtag** | **Berichtsmonate, kumulativ**

| | | 1 | 2 | 3 | 4 | 5 | 6 | 7 | 8 | 9 | 10 | 11 | 12 |

I	G
GH	EH

A Grundlagen

	Relevante Bilanz- und G&V-Positionen	Werte in 1 000 GE
EK	Eigenkapital	
GK	Gesamtkapital	
AV	Anlagevermögen	
FKL	Fremdkapital, langfr.	
UVK	Umlaufvermögen, kfr.	
FKK	Fremdkapital, kurzfr.	
KUFO	Kundenforderungen	
U	Umsatz	
LV	Lieferantenverbindl.	
WES	Wareneinsatz	
FL	Fremdleistungen	
VORR.	Vorräte	
FLM	flüssige Mittel	
GEA	geleist. Anzahlungen	
FK	Fremdkapital, lfr. + kfr.	
CF	Cash-flow	
BE	Betriebsergebnis	
ZA	Zinsenaufwand	
BL	Betriebsleistung	
PK	Personalkosten	
AfA	Abschreibung	
VK	variable Kosten	
DB	Deckungsbeitrag	
FK	Fixkosten, gesamt	
AWFK	Fixkosten, ausg.wirks.	

für ROI und ROSTI:

Kapitalumschlag	
Umsatzrendite	
Aufschlag in % WES	
Warenumschlagsh.	

B Berechnungen

Kennzahlen	Formel	nähere Details Seite	Unterjährigkeitsfaktor	eigene Kennzahlenwerte						
				1	2	3	4	5	6	
Eigenkapitalquote	EK/GK	20								
Anlagevermögen in % d. Ges.V.	AV/GV	22								
Anlagendeckung A	EK/AV	24								
Anlagendeckung B		24								
Working capital in % des UV		26								
Debitorenziel in Tagen		28	x							
Kreditorenziel in Tagen		28	x							
Lagerdauer in Tagen		28	x							
Liquidität 1. Grades	FLM/FKK	32								
Liquidität 2. Grades		32								
Liquidität 3. Grades	UVK/FKK	32								
Schuldtilgungsdauer in Jahren		34	x							
Zw.-Summe 1: Finanz. Stabilität										
Eigenkapitalrentabilität	BE/EK	36	x							
Gesamtkapitalrentabilität		36	x							
Return on investment		40	x							
Return on stock investment		43	x							
Warenintensität	WES/BL	46								
Personalintensität	PK/BL	46								
Fremdkapitalzinsen in % der BL	ZA/BL	50								
Abschreibung in % der BL	AfA/BL	52								
Cash-flow in % der BL	CF/BL	54								
Deckungsbeitragsrate (DBU)	DB/BL	56								
Break even point in % der BL		56	x							
Cash-flow point in % der BL		56	x							
Zielumsatz in % der BL		56	x							
Zw.-Summe 2: Ertragslage										
Gesamt										

C Analyse und Maßnahmen

Analysebereich			Vergleich: gute GH.-Betr.	Beurteilung		Ursachen, Maßnahmen
				Soll/Ist	Trend	
Finanzielle Stabilität	Finanzierung	Eigenkapitalquote	>15%			
			>15%			
			>90%			
			>180%			
			>50%			
			<60 Tg.			
			<100 Tg			
			<80 Tg.			
	Liquidität		>100%			
			>150%			
			<6 J.			
						Besser/Schlechter
Ertragslage	Rentabilität		>39%			
			>9%			
			>10%			
	Erfolg		<2%			
			<1,3%			
			>6%			
			<90%			
						Besser/Schlechter

➡ **Formular 2: Erweiterte Kennzahlenanalyse**

Kennzahlenermittlung, -vergleich und -beurteilung

Jahr Stichtag Berichtsmonate, kumulativ

1	2	3	4	5	6	7	8	9	10	11	12

I	G
GH	EH

A Grundlagen

	Relevante Bilanz- und G&V-Positionen	Werte in 1 000 GE
EK	Eigenkapital	
GK	Gesamtkapital	
AV	Anlagevermögen	
FKL	Fremdkapital, langfr.	
UVK	Umlaufvermögen, kfr.	
FKK	Fremdkapital, kurzfr.	
KUFO	Kundenforderungen	
U	Umsatz	
LV	Lieferantenverbindl.	
WES	Wareneinsatz	
FL	Fremdleistungen	
VORR.	Vorräte	
FLM	flüssige Mittel	
GEA	geleist. Anzahlungen	
FK	Fremdkapital, lfr. + kfr.	
CF	Cash-flow	
BE	Betriebsergebnis	
ZA	Zinsenaufwand	
BL	Betriebsleistung	
PK	Personalkosten	
AfA	Abschreibung	
VK	variable Kosten	
DB	Deckungsbeitrag	
FK	Fixkosten, gesamt	
AWFK	Fixkosten, ausg.wirks.	

für ROI und ROSTI:

Kapitalumschlag	
Umsatzrendite	
Aufschlag in % WES	
Warenumschlagsh.	

B Berechnungen

Kennzahlen	Formel	nähere Details Seite	Unterjährigkeitsfaktor	eigene Kennzahlenwerte 1	2	3	4	5	6
Eigenkapitalquote	EK/GK	20							
Anlagevermögen in % d. Ges.V.	AV/GV	22							
Anlagendeckung A	EK/AV	24							
Anlagendeckung B		24							
Working capital in % des UV		26							
Debitorenziel in Tagen		28	x						
Kreditorenziel in Tagen		28	x						
Lagerdauer in Tagen		28	x						
Liquidität 1. Grades	FLM/FKK	32							
Liquidität 2. Grades		32							
Liquidität 3. Grades	UVK/FKK	32							
Schuldtilgungsdauer in Jahren		34	x						
Zw.-Summe 1: Finanz. Stabilität									
Eigenkapitalrentabilität	BE/EK	36	x						
Gesamtkapitalrentabilität		36	x						
Return on investment		40	x						
Return on stock investment		43	x						
Warenintensität	WES/BL	46							
Personalintensität	PK/BL	46							
Fremdkapitalzinsen in % der BL	ZA/BL	50							
Abschreibung in % der BL	AfA/BL	52							
Cash-flow in % der BL	CF/BL	54							
Deckungsbeitragsrate (DBU)	DB/BL	56							
Break even point in % der BL		56	x						
Cash-flow point in % der BL		56	x						
Zielumsatz in % der BL		56	x						
Zw.-Summe 2: Ertragslage									
Gesamt									

C Analyse und Maßnahmen

Analysebereich			Vergleich: gute EH.-Betr.	Beurteilung Soll/Ist	Trend	Ursachen, Maßnahmen
finanzielle Stabilität	Finanzierung		>15%			
			>18%			
			>106%			
			>50%			
			<18 Tg.			
			<100 Tg			
			<150 Tg			
	Liquidität		>100%			
			>150%			
			<8 J.			
			Besser/Schlechter			
Ertragslage	Rentabilität		>10%			
			>6%			
	Erfolg		<3%			
			<2%			
			>5%			
			<90%			
			Besser/Schlechter			

➡ **Formular 2: Erweiterte Kennzahlenanalyse**

4.3 Formular 3: Bonitätsindikator (Ermittlung der Diskriminanzfunktion)

Bilanz zum _____	
Aktiva	**Passiva**
– **Anlagevermögen** – Grund – Gebäude – sonstiges Sachanlagevermögen – Finanzanlagevermögen – **Umlaufvermögen** – liquide Mittel – Kundenforderungen – Vorräte F) – sonstige Forderungen **Bilanzsumme**	– **Eigenkapital** – **Fremdkapital, langfristig** – Hypothekarkredit – Pensionsrückstellung B) – **Fremdkapital, kurzfristig** – Lieferantenverbindlichkeiten – Kontokorrentkredit – sonstige Verbindlichkeiten B) **Bilanzsumme** C)

G & V für _____	
Aufwendungen	**Erträge**
Material-/Wareneinsatz Personalkosten Fremdkapitalzinsen Verkaufsprovisionen Kundenskonto Hilfs- und Betriebsstoffe Energie Instandhaltung Maschinen Werkzeugverbrauch sonstiger Aufwand Abschreibungen A) Dotierung Pensionsrückstellung A) **Gewinn (vor ESt.)** A) D) **Gesamt**	Fakturenerlöse – Bestandsverringerungen Halb- und Fertigware = (Betriebsleistung) E) **Gesamt**

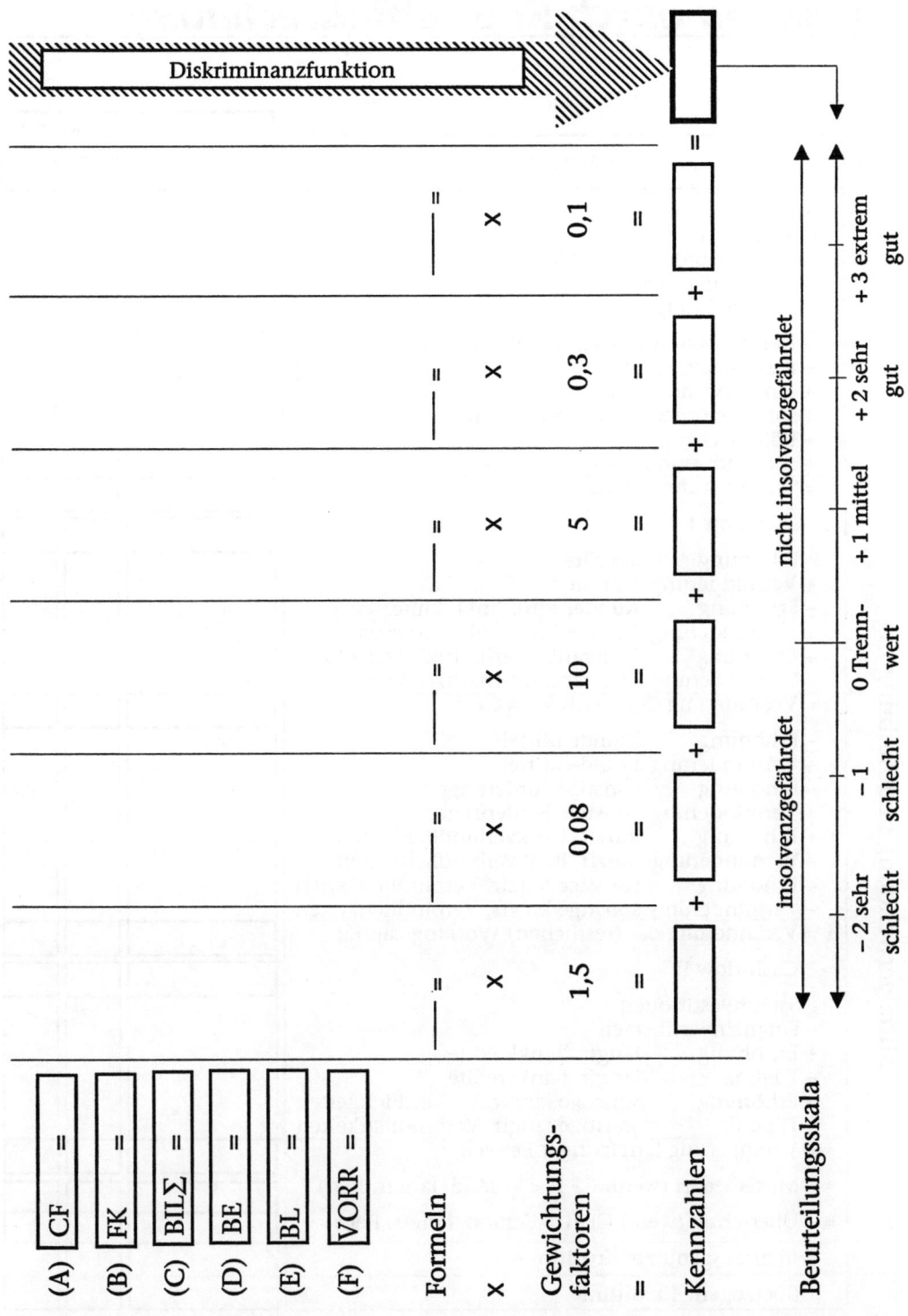

4.4 Formular 4:

Finanzplanung durch Kapitalflußrechnung

ZL	Positionen	....	kumulativ		
			-☼-	-⊕-	⚓
1	+ Fakturenumsatz				
2	+ Skontoertrag				
3	+ sonstige ordentliche Erlöse				
4	+ außerordentliche Erträge				
5	+ = Summe Erträge				
6	+ Handelswareneinsatz/Materialeinsatz				
7	+ Personalaufwand				
8	+ Zinsaufwendungen				
9	+ sonstige ordentliche Aufwendungen				
10	+ KöSt. + Gew.St.				
11	+ a. o. Aufwendungen				
12	– = Summe Aufwendungen				
13	= Cash-flow I				
14	– Erhöhung Vorräte				
15	+ Verminderung Vorräte				
16	– Erhöhung Kundenford. (inkl. Rimessen)				
17	+ Verminderung Kundenford. (inkl. Rimessen)				
18	+ Erhöhung Lieferantenverb. (inkl. Tratten)				
19	– Verminderung Lieferantenverb. (inkl. Tratten)				
20	± = Veränderung des Fonds »NWC«				
21	– Erhöhung liquide Mittel				
22	+ Verminderung liquide Mittel				
23	– Erhöhung sonstige Forderungen				
24	+ Verminderung sonstige Forderungen				
25	+ Erhöhung kurzfr. Bankverbindlichkeiten				
26	– Verminderung kurzfr. Bankverbindlichkeiten				
27	+ Erhöhung sonstige kurzfr. Verbindlichkeiten				
28	– Verminderung sonstige kurzfr. Verbindlichkeiten				
29	± = Veränderung des (restlichen) Working capital				
30	= Cash-flow II				
31	– Sachinvestitionen				
32	– Finanzinvestitionen				
33	+ Erhöhung langfr. Bankkredite				
34	– Tilgung langfr. Bankkredite				
35	+ Erhöhung sonstige langfr. Verbindlichkeiten				
36	– Tilgung sonstige langfr. Verbindlichkeiten				
37	± = Veränderung langfristiger Bereich				
38	= Mittelbedarf (wenn CF II < Veränd. langfr. Ber.)				
39	= Überschuß (wenn CF II > Veränd. langfr. Ber.)				
	nichtausgenutzte Kreditlinie				
	überzogene Kreditlinie				

(Linke Randbeschriftung, vertikal, Zeilen 12–37: Mittelverwendung und Aufbringung)

4.5 Formular 5: ROSTI für Handelsbetriebe

Artikel-gruppe	Betriebs-leistung	Waren-einsatz	Roh-gewinn bzw. Spanne	Aufschlag in % vom Waren-einsatz	ø Bestand	Lager-umschlag	ROSTI
gesamt							
ø							

Rohgewinn

Lagerumschlag

ROSTI (Return on stock investment)

Teil 5:

Wie wird geplant, analysiert und kontrolliert?

5.1 Warum Planung, warum Kontrolle?

Planung ist deshalb notwendig, weil man nur dann im vorhinein beurteilen kann, ob das, was man vorhat, auch wirtschaftlich ist und finanziell realisiert werden kann.

Hat man eine Planung durchgeführt und sie nach eingehender Analyse für gut befunden, muß sie auch in kurzen Abständen kontrolliert werden.

> ◆ *Ein altes Planer-Sprichwort sagt:*
> *1. Es ist besser falsch zu planen als gar nicht.*
> *2. Jede Planung ohne Kontrolle ist sinnlos.*

Der wichtige Bereich *Planung und Kontrolle* soll nun anhand des Industrie-Testbetriebes demonstriert werden.

5.2 Fallbeispiel: Planbilanz

Ausgangssituation

Die schon bekannte Kunststoffspritzerei will für das laufende Wirtschaftsjahr eine Planbilanz erstellen. Die Aktivitäten im *Planjahr* sind vor allem *durch* eine *Großinvestition gekennzeichnet.*

Ziel

Die Planbilanz soll deshalb erstellt werden, um anhand einer Kennzahlenanalyse die *Vorteilhaftigkeit* des geplanten Investitionsprojektes zu beurteilen.

Was soll im laufenden Wirtschaftsjahr geschehen? Wie soll es finanziert werden?

Diese beiden Fragen kann man in der Praxis durch eine sogenannte *Mittelverwendungs- und Mittelaufbringungsplanung* beantworten. Vorher aber noch kurz eine Zusammenfassung der *geplanten Aktivitäten*:

1. Die *G&V des Vorjahres (ZZ)* soll *im laufenden Geschäftsjahr (Planperiode) unverändert weiterlaufen. Zusätzlich* soll zu Beginn der Planperiode ein *Investitionsprojekt* realisiert werden, das Auswirkungen sowohl auf die *G&V* als auch auf die Bilanz hat.

2. *Maschineninvestition*
    – Investitionsausgaben .... GE 20
    – Kapazitätserweiterung maximal 15%
    – Kapazitätserweiterung wahrscheinlich 5%
    – Umsatz- und DB-Erhöhung 5%
    – Personalkosteneinsparung .... GE 1
    – Nutzungsdauer .... 6 Jahre

    Finanzierung:
    – Maschinenkredit .... GE 10
    – Laufzeit .... 5 Jahre
    – Jahreszinsfuß 10%

Wie sich durch die geplanten Maßnahmen die einzelnen Bilanzpositionen verändern, zeigt die folgende Tabelle übersichtlich auf:

relevante Bilanz-positionen	Mittelver-wendung (= MV)	Mittelauf-bringung (= MA)
Sachanlagevermögen		
Investition	20,0	
Abschreibungen alt	– 10,0	
Abschreibungen neu	– 3,3	
	6,7	
Umlaufvermögen	3,5	
Hypothekarkredit		
Neuaufnahme		10,0
Tilgung alt		–
Tilgung neu		– 2,0
		8,0
Aufstockung Pensions-rückstellung		1,0
Eigenkapital Anfangsbestand ... 40		
+ Gewinn alt		15,0
+ Gewinn neu		0,8
		15,8
ESt. und Ausschüttung	15,8	
Endbestand 40		
Pufferposition (= Residualgröße) Hier für: Kontokorrentkredit-Zunahme		1,2
Σ	26,0	26,0

Die geplanten *Beträge für* die *Verwendung müssen mit* den geplanten *Finanzierungs-beträgen* genau *übereinstimmen. Praktisch* gibt es aber *immer* einen Differenzbetrag, den man *Pufferposition* nennt. Diese *Residualgröße* beträgt im *Fallbeispiel GE 1,2* und führt zu einer *Zunahme* des *Kontokorrentkredites.* Hier handelt es sich um eine *willkürliche Annahme.* Genauso hätte man die Lieferantenverbindlichkeiten ansteigen lassen oder das Umlaufvermögen senken können.

Auch der *Gewinn erhöht sich um GE 0,8* und beträgt in der Planperiode somit *GE 15,8.*

Ermittlung des Gewinnes
    alter Gewinn 15,0
    neuer Gewinn:
    + zusätzl. Betriebsleistung 10,0
    – zusätzl. Materialkosten 5,0
    – zusätzl. variable Kosten 1,0
    + Personaleinsparung 1,0
    – Zinsen Hypothekarkredit 0,9
    – AfA neu 3,3   0,8

                                                  | 15,8 |

5.2.1 Von der Ist-Bilanz zur Planbilanz

Die folgende Tabelle zeigt übersichtlich, wie sich die Ist-Bilanzpositionen in Plan-bilanzwerte verwandeln. Praktisch werden *zur statischen Ist-Bilanz* die *dynamischen Mittelverwendungs- und Mittelaufbringungswerte addiert (siehe Tabelle auf Seite 98).*

	Ist-Bilanz-werte	+	–	Planbilanz-werte
Sachanlagevermögen	28,0	6,7	–	34,7
Finanzanlagevermögen	2,0	–	–	2,0
Umlaufvermögen	70,0	3,5	–	73,5
Eigenkapital	40,0	–	–	40,0
Hypothekarkredit	10,0	8,0	–	18,0
Pensionsrückstellung	10,0	1,0		11,0
Fremdkapital, kurzfristig	30,0	–	–	30,0
Pufferposition Kontokorrentkredit	10,0	1,2		11,2

Eigentlich ist es gar nicht schwierig, eine Planbilanz zu erstellen. Oder?

5.2.2 Von der Ist-G & V zur Plan-G & V

Aufgrund der geplanten Aktivitäten werden sich folgende G & V-Positionen im Planjahr gegenüber dem letzten abgelaufenen Jahr (IST) ändern:

G & V-Positionen	Ist	geplante Veränderung	Plan	warum?
Betriebsleistung	200	+ 10	210	5% Erhöhung
Materialeinsatz	100	+ 5	105	5% Erhöhung
sonstige variable Kosten	20	+ 1	21	5% Erhöhung
Personalkosten	40	– 1	39	Einsparung
Fremdkapitalzinsen	2	+ 0,9	2,9	Hypokredit f. Inv.
Abschreibung	10	+ 3,3	13,3	Erhöh. durch Inv.
Erfolgsverbesserung im Planjahr		0,8		

Der *Gewinn vor Ertragsteuer erhöht sich* also *im Planjahr um GE 0,8 auf GE 15,8.* Eine Plan-G & V ist noch einfacher zu erstellen als eine Planbilanz. Oder?

5.2.3 Objektive Beurteilung der Aktivitäten in der Planperiode

Nachdem Planbilanz und Plan-G & V erstellt sind, muß analysiert werden, ob die geplanten Aktivitäten wirtschaftlich sind und finanziert werden können. Die Analyse wird mit dem bereits bekannten Instrumentarium

- *Quicktest*
- *Erweiterte Kennzahlenanalyse*
- *Bonitätsindikator*

durchgeführt. Zusätzlich wird noch eine *Finanzplanung* auf Basis einer *Kapitalflußrechnung* erstellt.
Zu den einzelnen Analyseinstrumenten sind noch kurze Erläuterungen notwendig.

Quicktest

Der Quicktest wird in der nun schon bekannten Form auf den Seiten 102 und 103 durchgeführt. Auch im *Planjahr* wird die *Bestnote 1* vergeben. So schlecht kann die Investition also nicht sein.

Achtung: Eine genaue Aussage über die Wirtschaftlichkeit des Investitionsprojektes kann nur durch eine Investitionsrechnung erreicht werden (z. B. interner Zinsfuß, Kapitalwert oder Kapitalrückfluß).

Erweiterte Kennzahlenanalyse

Die erweiterte Kennzahlenanalyse wird auf Seite 104 durchgeführt. Dabei wurde das empfohlene Formular verwendet.
Hier sieht man etwas mehr als beim Quicktest.

1. Von den 14 Kennzahlen, wo ein Ist-Plan-Vergleich möglich ist, kann bei 8 ein günstiger und bei 6 ein ungünstiger Trend festgestellt werden.
2. Die Liquidität wird im Planjahr durch die Investition etwas schlechter; von den 6 Kennzahlen, welche die Ertragslage widerspiegeln, sind 3 im Trend besser, 3 schlechter.
3. Die »*Finanzielle Stabilität*« hat sich in der *Planperiode* gegenüber dem letzten abgelaufenen Jahr *kaum verändert*.

Diskriminanzfunktion

Die Diskriminanzanalyse für das Planjahr ist auf den Seiten 106 und 107 mittels jenes Formulares durchgeführt, das im Teil 3 empfohlen worden ist.
Die Diskriminanzfunktion ist mit *2,83 im Planjahr* ein *absoluter Spitzenwert. Gegenüber* dem *Vorjahr* hat sie sich jedoch *geringfügig verschlechtert*.

Resümee

Der *Quicktest* klassifiziert das *Planjahr* so wie das letzte abgelaufene Jahr als »*sehr gut*«. Diese Aussage stimmt.
Die *erweiterte Kennzahlenanalyse* zeigt auf, daß der *Trend im Planjahr zwar überwiegend, jedoch nicht uneingeschränkt günstig* verlaufen wird.
Die *Diskriminanzanalyse bestätigt Quicktest und erweiterte Kennzahlenanalyse.* Die *Diskriminanzfunktion* stellt einen
      – *absoluten Spitzenwert dar,*
      – *ist aber leicht rückläufig.*

Plan-Bilanz Ende 1. Jahr	
Aktiva	**Passiva**

Aktiva			Passiva		
– Anlagevermögen			– Eigenkapital		40,0 A)
– Grund	3,0		– Fremdkapital, langfristig		
– Gebäude +			– Hypothekarkredit	18,0	
sonst. Sachanlagevermögen	31,7		– Pensionsrückstellung	11,0	29,0 E)
– Finanzanlagevermögen	2,0				
		36,7			
– Umlaufvermögen			– Fremdkapital, kurzfristig		
– liquide Mittel	2,1 D)		– Lieferanten-		
– Kundenforderungen	21,0		verbindlichkeiten	25,0	
– Vorräte	42,0		– Kontokorrentkredit	11,2	
– sonstige Forderungen	8,4	73,5	– sonstige Verbindlichkeiten	5,0	41,2 E)
Bilanzsumme		**110,2**	**Bilanzsumme**		**110,2 B)**

Plan-G & V für (Jahr)	
Aufwendungen	**Erträge**

Aufwendungen		Erträge	
Materialeinsatz	105,0	Fakturenerlöse	210,0
Personalkosten	39,0	± Bestandsverringerungen	–
Fremdkapitalzinsen	2,9 G)	Halb- und Fertigware	——
Verkaufsprovisionen	10,5		
Kundenskonto	4,2	= (Betriebsleistung)	210,0 F)
Hilfs- und Betriebsstoffe	1,1		
Energie	5,0		
Instandhaltung Maschinen	3,1		
Werkzeugverbrauch	2,1		
sonstiger Aufwand	7,0		
Abschreibungen	13,3 H)		
Dotierung Pensionsrückstellung	1,0 H)		
Gewinn (vor ESt.)	15,8 C) H)		
Gesamt	**210,0**	**Gesamt**	**210,0**

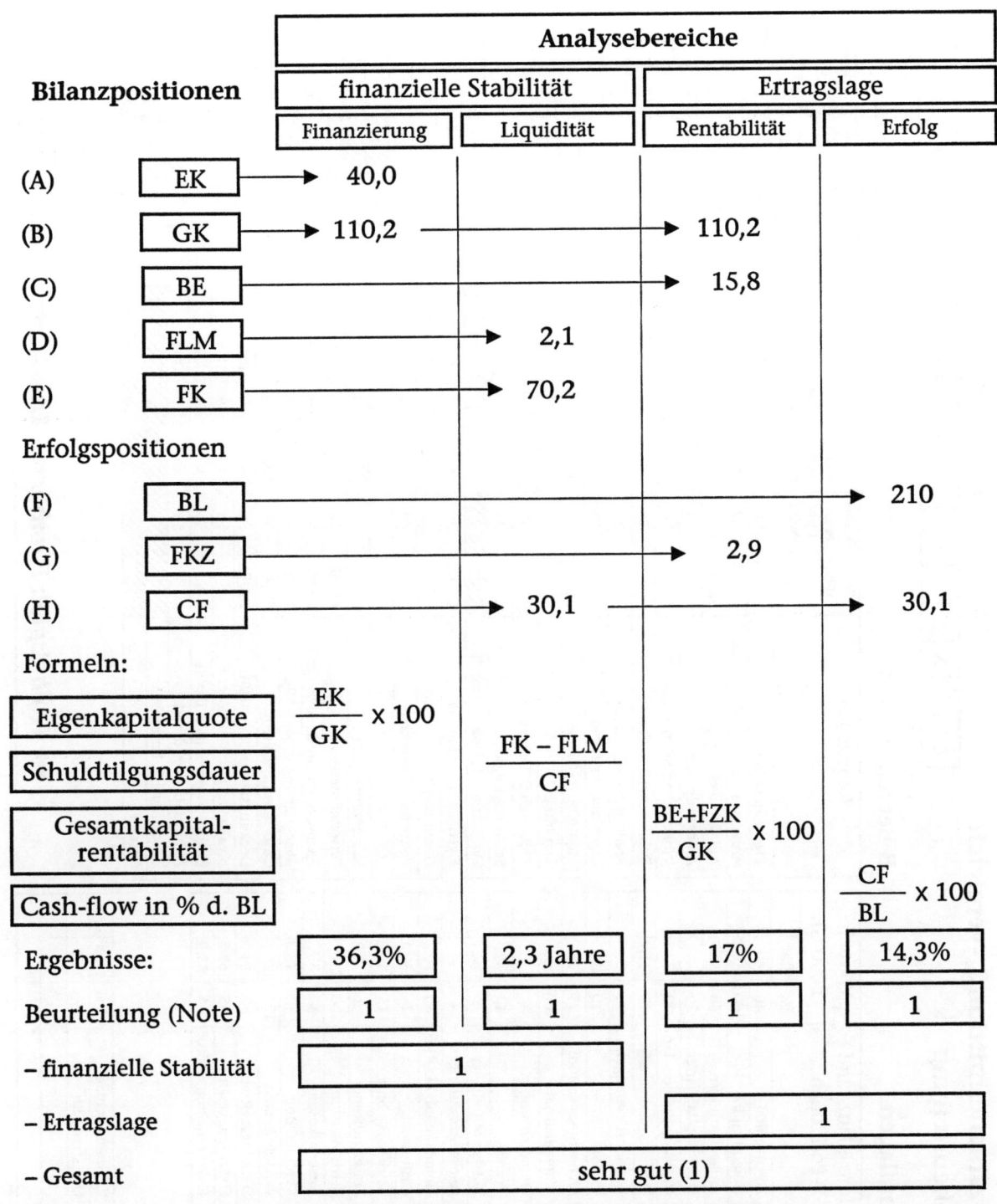

Bilanzpositionen		Analysebereiche			
		finanzielle Stabilität		Ertragslage	
		Finanzierung	Liquidität	Rentabilität	Erfolg
(A)	EK	→ 40,0			
(B)	GK	→ 110,2		→ 110,2	
(C)	BE			→ 15,8	
(D)	FLM		→ 2,1		
(E)	FK		→ 70,2		

Erfolgspositionen

		Finanzierung	Liquidität	Rentabilität	Erfolg
(F)	BL				→ 210
(G)	FKZ			→ 2,9	
(H)	CF		→ 30,1		→ 30,1

Formeln:

Eigenkapitalquote	$\dfrac{EK}{GK} \times 100$			
Schuldtilgungsdauer		$\dfrac{FK - FLM}{CF}$		
Gesamtkapital-rentabilität			$\dfrac{BE+FZK}{GK} \times 100$	
Cash-flow in % d. BL				$\dfrac{CF}{BL} \times 100$

Ergebnisse:	36,3%	2,3 Jahre	17%	14,3%
Beurteilung (Note)	1	1	1	1
– finanzielle Stabilität	1			
– Ertragslage			1	
– Gesamt	sehr gut (1)			

Kennzahlenermittlung, -vergleich und -beurteilung

	I	G
	GH	EH

Jahr: Z Z | **Stichtag:** X X Y Y | **Berichtsmonate, kumulativ:** 1 2 3 4 5 6 7 8 9 10 11 12

A Grundlagen

	Relevante Bilanz- und G&V-Positionen	Werte in 1 000 GE Ist	Werte in 1 000 GE Plan
EK	Eigenkapital	40	40
GK	Gesamtkapital	100	110,2
AV	Anlagevermögen	30	36,7
FKL	Fremdkapital, langfr.	20	29
UVK	Umlaufvermögen, kfr.	70	73,5
FKK	Fremdkapital, kurzfr.	40	41,2
KUFO	Kundenforderungen	20	21
U	Umsatz	210	210
LV	Lieferantenverbindl.	25	25
MES	Materialeinsatz	100	105
FL	Fremdleistungen	-	-
VORR.	Vorräte	40	42
FLM	flüssige Mittel	2	2,1
GEA	geleist. Anzahlungen	-	-
FK	Fremdkapital, lfr. + kfr.	60	70,2
CF	Cash-flow	26	30,1
BE	Betriebsergebnis	15	15,8
ZA	Zinsenaufwand	2	2,9
BL	Betriebsleistung	200	210
PK	Personalkosten	40	39
AfA	Abschreibung	10	13,3
VK	variable Kosten	120	126
DB	Deckungsbeitrag	80	84
FK	Fixkosten, gesamt	65	68,2
AWFK	Fixkosten, ausg.wirks.	54	53,9

für ROI:

Kapitalumschlag	2 x	1,9 x
Umsatzrendite	7,5%	7,5%

B Berechnungen

Kennzahlen	Formel	nähere De-tails Seite	Unter-jährig-keits-faktor	eigene Kennzahlenwerte Ist	eigene Kennzahlenwerte Plan
Eigenkapitalquote	EK/GK	20		40%	36%
Anlagevermögen in % d. Ges.V.	AV/GV	22		30%	33%
Anlagendeckung A	EK/AV	24		133%	109%
Anlagendeckung B		24		200%	188%
Working capital in % des UV		26		43%	44%
Debitorenziel in Tagen		28	x	35Tg.	36Tg.
Kreditorenziel in Tagen		28	x	91Tg.	87Tg.
Lagerdauer in Tagen		28	x	146Tg	146Tg
Liquidität 1. Grades	FLM/FKK	32		5%	5%
Liquidität 2. Grades		32		75%	76%
Liquidität 3. Grades	UVK/FKK	32		175%	178%
Schuldtilgungsdauer in Jahren		34	x	2,2 J.	2,2 J.
Zw.-Summe 1: Finanz. Stabilität					
Eigenkapitalrentabilität	BE/EK	36	x	37,5%	39,5%
Gesamtkapitalrentabilität		36	x	17%	17%
Return on investment		40	x	15%	14,3%
Materialintensität	MES/BL	46		50%	50%
Personalintensität	PK/BL	46		20%	18,6%
Fremdkapitalzinsen in % der BL	ZA/BL	50		1%	1,4%
Abschreibung in % der BL	AfA/BL	52		5%	6,3%
Cash-flow in % der BL	CF/BL	54		13%	14,3%
Deckungsbeitragsrate (DBU)	DB/BL	56		40%	40%
Break even point in % der BL		56	x	81%	81%
Cash-flow point in % der BL		56	x	67%	64%
Zielumsatz in % der BL		56		108%	108%
Zw.-Summe 2: Ertragslage					
Gesamt					

C Analyse und Maßnahmen

Analyse-bereich		Ver-gleich: gute Ind.-Betr.	Beur-teilung Soll/Ist	Beur-teilung Trend	Ursachen, Maßnahmen
Finanzielle Stabilität	Finanzierung	>20%	B	S	
		>33%	S	B	
		>70%	B	S	
		>130%	B	S	
		>50%	S	B	
		<60 Tg.	B	-	
		<100 Tg	B	B	
		<130 Tg	S	-	
	Liquidität	>100%	S	B	
		>150%	B	B	
		<4 J.	B	-	
			7B,4S	5B,3S	Besser/Schlechter
Ertragslage	Rentabilität	>36%	B	B	
		>9%	B	-	
		>7,2%	B	S	
	Erfolg	<2,5%	S	S	
		<3,5%	S	S	
		>8%	B	B	
		<90%	B	-	
			-	-	
			6B,1S	3B,3S	
			13B,5S	8B,6S	Besser/Schlechter

➡ **Fallbeispiel: Planbilanz, Erweiterte Kennzahlenanalyse**

Alternative Darstellung der Planungsperiode durch Kapitalflußrechnung

Während die *Bilanz* die *Bestände an Vermögen und Kapital* an einem bestimmten *Stichtag* zeigt, weist die *Kapitalflußrechnung* die *Veränderung dieser Bestände in Form von Zu- und Abgängen innerhalb* einer gesamten *Abrechnungsperiode* aus.

Bezogen auf die Planungsperiode ist die Kapitalflußrechnung auf Seite 109 wie folgt zu interpretieren:

1. Der sogenannte *Cash-flow 1* (Zeile 13) ergibt sich aus der Differenz zwischen »*Summe Erträge*« (Zeile 5) und »*Summe Aufwendungen*« (Zeile 12).

   In den Erträgen und Aufwendungen sind *nur* die *einnahmen- bzw. ausgabenwirksamen Positionen enthalten,* einschließlich des *gesamten außerordentlichen Bereiches* (periodenfremd, betriebsfremd). Der Cash-flow 1 beträgt 30,1 GE und stellt mit 14% der Gesamterträge eine respektable Größe dar.

2. Mit dem befriedigend hohen *Cash-flow 1* wird zunächst das Nettoumlaufvermögen (Net working capital) finanziert. Das Nettoumlaufvermögen setzt sich aus den Salden des Umlaufvermögens und der kurzfristigen Verbindlichkeiten zusammen, wobei als kurzfristig meist ein Zeitraum bis zu einem Jahr gilt. Man nennt die Konten des Umlaufvermögens und der kurzfristigen Verbindlichkeiten auch »*Net work capital-Fonds*«. Der Fonds »NWC« wird in zwei Teile gegliedert:

   a) *Hauptpositionen* (Vorräte, Kundenforderungen, Lieferantenverbindlichkeiten).

   b) *Restliche Positionen* (liquide Mittel, sonstige Forderungen, kurzfristige Bankverbindlichkeiten, sonstige kurzfristige Verbindlichkeiten).

   c) Der *Cash-flow 2* (Zeile 30) ergibt sich durch Reduktion des Cash-flow 1 um die Erhöhung des »NWC«-Fonds:

Cash-flow 1	*30,1*
– Erhöhung Hauptpositionen NWC	*– 3,0*)*
+ Vermehrung restl. Positionen NWC	*+ 0,7**)*
= Cash-flow 2	*27,8*

*) Erhöhung Vorräte (UV)	2,0
Erhöhung Kundenforderungen (UV)	1,0
**) Erhöhung liquide Mittel (UV)	0,1
Erhöhung sonstige Forderungen (UV)	0,4
Erhöhung kurzfristige Bankverbindlichkeiten (FKK)	1,2

Der *Cash-flow 2* (Zeile 30) ist mit 27,8 GE noch immer beachtlich hoch. Oder anders ausgedrückt: Die planmäßige Erhöhung des »NWC«-Fonds ist so gering, daß der Cash-flow 1 nur wenig »angeknabbert« wird. In der Praxis ist so eine *Entwicklung* als *günstig* zu bewerten.

Plan-Bilanz Ende 1. Jahr

Aktiva			Passiva		
– Anlagevermögen			**– Eigenkapital**		40,0
– Grund	3,0				
– Gebäude +			**– Fremdkapital, langfristig**		
sonst. Sachanlagevermögen	31,7		– Hypothekarkredit	18,0	
– Finanzanlagevermögen	2,0	36,7	– Pensionsrückstellung	11,0	29,0 B)
– Umlaufvermögen			**– Fremdkapital, kurzfristig**		
– liquide Mittel	2,1		– Lieferantenverbindlich.	25,0	
– Kundenforderungen	21,0		– Kontokorrentkredit	11,2	
– Vorräte	42,0 F)		– sonstige Verbindlichkeiten	5,0	41,2 B)
– sonstige Forderungen	8,4	73,5			
Bilanzsumme		110,2	**Bilanzsumme**		110,2 C)

Plan-G & V für (Jahr)

Aufwendungen		Erträge	
Materialeinsatz	105,0	Fakturenerlöse	210,0
Personalkosten	39,0	± Bestandsverringerungen	
Fremdkapitalzinsen	2,9	Halb- und Fertigware	–
Verkaufsprovisionen	10,5		
Kundenskonto	4,2	= (Betriebsleistung)	210,0 E)
Hilfs- und Betriebsstoffe	1,1		
Energie	5,0		
Instandhaltung Maschinen	3,1		
Werkzeugverbrauch	2,1		
sonstiger Aufwand	7,0		
Abschreibungen	13,3 A)		
Dotierung Pensionsrückstellung	1,0 A)		
Gewinn (vor ESt.)	15,8 A) D)		
Gesamt	210,0	**Gesamt**	210,0

Diskriminanzfunktion → $\boxed{2,83}$

Formeln:

(A) CF = 30,1
(B) FK = 70,2
(C) BILΣ = 110,2
(D) BE = 15,8
(E) BL = 210,0
(F) VORR = 42,0

30,1	70,2	110,2	210,0	210,0	110,2
70,2	110,2	15,8	15,8	42,0	210,0
Formeln $\frac{30,1}{70,2}=0,43$	$\frac{110,2}{70,2}=1,57$	$\frac{15,8}{110,2}=0,14$	$\frac{15,8}{210,0}=0,075$	$\frac{42,0}{210,0}=0,20$	$\frac{210}{110,2}=1,91$
×	×	×	×	×	×
Gewichtungs-faktoren 1,5	0,08	10	5	0,3	0,1
=	=	=	=	=	=
Kennzahlen $\boxed{0,64}$	+ $\boxed{0,13}$	+ $\boxed{1,43}$	+ $\boxed{0,38}$	+ $\boxed{0,06}$	+ $\boxed{0,19}$ =

Beurteilungsskala

– 2 sehr schlecht	– 1 schlecht	0 Trenn- wert	+ 1 mittel	+ 2 sehr gut	+ 3 extrem gut

insolvenzgefährdet · nicht insolvenzgefährdet

d) Die *Veränderungen im langfristigen Bereich* (Zeile 37) betragen *12 GE (Erhöhung)* und setzen sich aus Sachinvestitionen (20 GE) abzüglich Erhöhung Hypothekarkredite (8 GE) zusammen.

Die Erhöhung im langfristigen Bereich wird durch den *Cash-flow 2* abgedeckt. Es bleibt sogar noch ein *Überschuß* (Zeile 39) von *15,8 GE*. Dieser Betrag kann für Ausschüttungen, Bildung von Rücklagen, Ertragsteuern usw. verwendet werden.

Auch die nicht ausgenutzte Kreditlinie von 0,8 GE (Annahme: Kontokorrent-Kreditrahmen 12 GE) steht prinzipiell zur Disposition zur Verfügung. Man sollte allerdings in der Praxis immer einen angemessenen Betrag für »Unvorhergesehenes« in Reserve halten.

ZL	Positionen	Plan	Ist-kumulativ		
			☼	⊙	⚓
1	+ Fakturenumsatz				
2	+ Skontoertrag				
3	+ sonstige ordentliche Erlöse				
4	+ außerordentliche Erträge (ohne Rücklagenauflös.)				
5	+ = Summe Erträge	210,0			
6	+ Handelswareneinsatz/Materialeinsatz	105,0			
7	+ Personalaufwand	39,0			
8	+ Zinsaufwendungen	2,9			
9	+ sonstige ordentliche Aufwendungen *)	33,0			
10	+ KöSt. + Gew.St.	–			
11	+ a. o. Aufwendungen (ohne Rücklagendotierungen)	–			
12	– = Summe Aufwendungen	179,9			
13	= Cash-flow I	30,1			
14	– Erhöhung Vorräte	– 2,0			
15	+ Verminderung Vorräte	–			
16	– Erhöhung Kundenford. (inkl. Rimessen)	– 1,0			
17	+ Verminderung Kundenford. (inkl. Rimessen)	–			
18	+ Erhöhung Lieferverbindlichk. (inkl. Tratten)	–			
19	– Verminderung Lieferverbindlichk. (inkl. Tratten)	–			
20	± = Veränderung des Fonds »NWC«	– 3,0			
21	– Erhöhung liquide Mittel	– 0,1			
22	+ Verminderung liquide Mittel	–			
23	– Erhöhung sonstige Forderungen	– 0,4			
24	+ Verminderung sonstige Forderungen	–			
25	+ Erhöhung kurzfr. Bankverbindlichkeiten	1,2			
26	– Verminderung kurzfr. Bankverbindlichkeiten	–			
27	+ Erhöhung sonstige kurzfr. Verbindlichkeiten	–			
28	– Verminderung sonstige kurzfr. Verbindlichkeiten	–			
29	± = Veränderung des (restlichen) Working capital	0,7			
30	= Cash-flow II	27,8			
31	– Sachinvestitionen	– 20,0			
32	– Finanzinvestitionen	–			
33	+ Erhöhung langfr. Bankkredite	8,0			
34	– Tilgung langfr. Bankkredite	–			
35	+ Erhöhung sonstige langfr. Verbindlichkeiten	–			
36	– Tilgung sonstige langfr. Verbindlichkeiten	–			
37	± = Veränderung langfristiger Bereich	– 12,0			
38	= Mittelbedarf (wenn CF II < Veränd. langfr. Ber.)				
39	= Überschuß (wenn CF II > Veränd. langfr. Ber.)	15,8			
	nicht ausgenutzte Kreditlinie	0,8			
	überzogene Kreditlinie				

Die Positionen 12–37 sind der Spalte **Mittelverwendung und Aufbringung** zugeordnet.

*) ohne Abschreibungen

Anhang:

Weiterführende Literatur

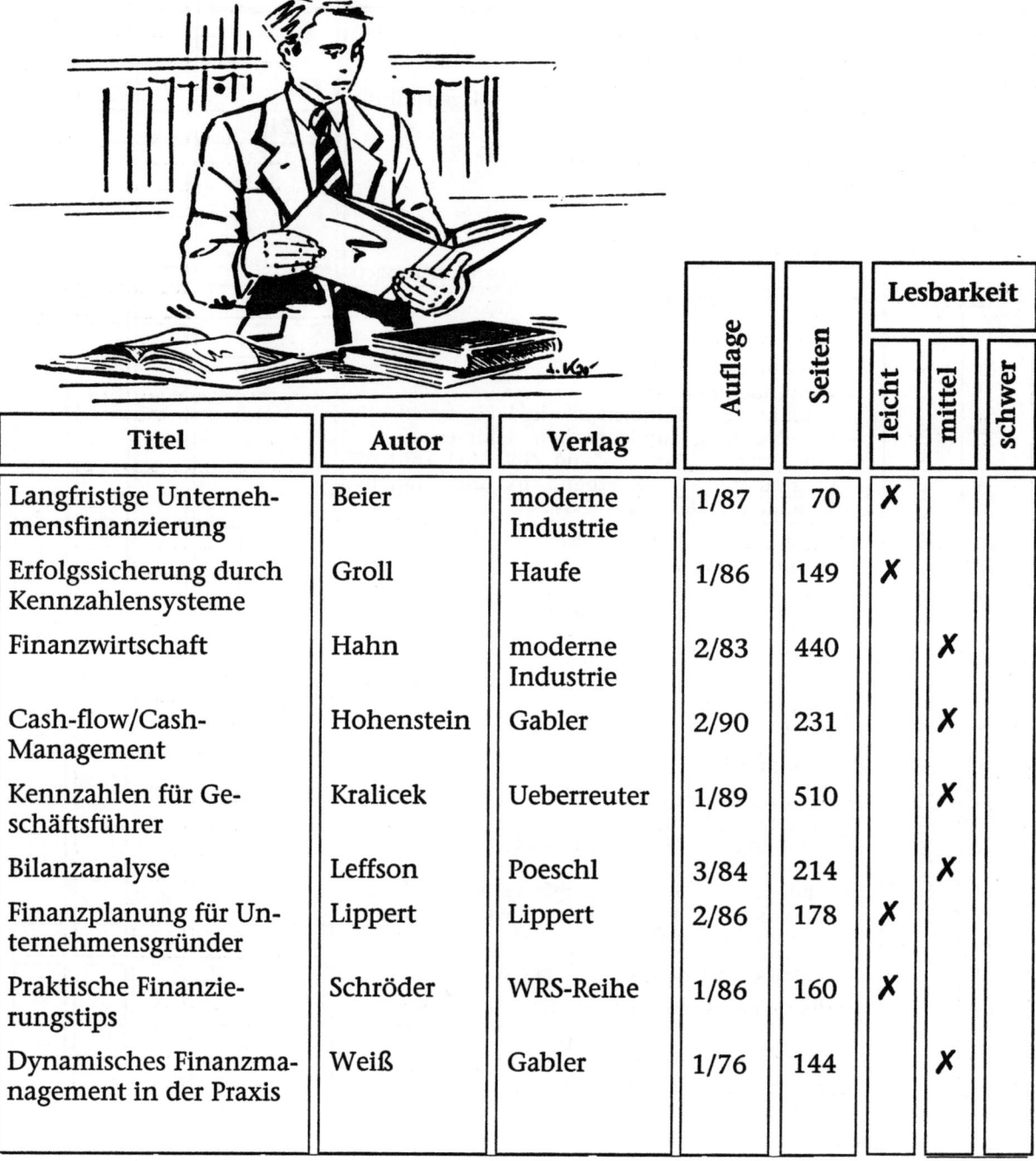

Titel	Autor	Verlag	Auflage	Seiten	Lesbarkeit		
					leicht	mittel	schwer
Langfristige Unternehmensfinanzierung	Beier	moderne Industrie	1/87	70	✗		
Erfolgssicherung durch Kennzahlensysteme	Groll	Haufe	1/86	149	✗		
Finanzwirtschaft	Hahn	moderne Industrie	2/83	440		✗	
Cash-flow/Cash-Management	Hohenstein	Gabler	2/90	231		✗	
Kennzahlen für Geschäftsführer	Kralicek	Ueberreuter	1/89	510		✗	
Bilanzanalyse	Leffson	Poeschl	3/84	214		✗	
Finanzplanung für Unternehmensgründer	Lippert	Lippert	2/86	178	✗		
Praktische Finanzierungstips	Schröder	WRS-Reihe	1/86	160	✗		
Dynamisches Finanzmanagement in der Praxis	Weiß	Gabler	1/76	144		✗	

Anhang: Stichwortverzeichnis

New Business Line

Folgende Titel dieser Reihe sind lieferbar: